嫉妬論

民主社会に渦巻く情念を解剖する

山本圭

光文社新書

嫉妬論

民主社会に渦巻く情念を解剖する

目次

第二章 嫉妬の思想史 83

第三章　誇示、あるいは自慢することについて

エピローグ 233

プロローグ

ねたみは悪いもので、もたらす結果はおぞましいものだとしても、完全に悪魔のものだとは言えない。ねたみは、ある意味では、英雄的な苦しみの表れである。すなわち、あるいはよりよい休息の場所へ、あるいはただ死と破滅へと、暗い夜道をやみくもに歩いていく人間の苦しみである。

（ラッセル『幸福論』）

映画『プレステージ』

クリストファー・ノーラン監督『プレステージ』（**図1**）は、二人の天才マジシャンであるアンジャーとボーデンの因縁の物語である。大筋はこうだ。かつてアンジャーの妻は水中脱出マジックに失敗し、溺死してしまうのだが、その事故の原因を作ったのはライバルのボーデンであったことが判明する。アンジャーは復讐を誓い、二人はお互いをライバル視し、相手を出し抜こうとマジックで競い合う。

この物語が興味深いのは、これがアンジャーによる単純な復讐劇ではないことだ。アンジャーがボーデンを憎んだことは言うまでもない。しかし、憎しみとは異なるある感情がこの物語に独特の屈折を与えている。映画全篇にわたって物語を支配している感情、それが「嫉妬」である。二人の天才は相手のパフォーマンスに魅了され、何度

図１　『プレステージ』
発売・販売元：ギャガ
￥1,257（税込）

もほぞをかむ。そして相手を出し抜くためにすべてを犠牲にし、さらなる高みを目指してあらゆることをする。この執拗な情念が、天才であるがゆえの苦悩と葛藤へと彼らを追い詰める。嫉妬が物語を加速する。

嫉妬感情にまつわる物語には事欠かない。古典から現代劇まで、あるいは子どものおとぎ話から落語まで、この感情は人間のおろかさと不合理を演出し、物語に一筋縄ではいかない深みを与えることで、登場人物にとっても思わぬ方向へと彼らを誘う。

それにしても、私たちはなぜこうも嫉妬に狂うのだろう。この情念は嫉妬の相手のみならず、嫉妬者自身をも破滅させるというのに――。

しかもあろうことか、嫉妬は疲れを知らない。たとえば、「七つの大罪」としてしばしば一緒に取り上げられる「憤怒」や「大食」といった悪徳も、ある程度発散されると多少は落ち着くというものだ。だが、嫉妬だけは違う。ほどほどの嫉妬で気が晴れることなどない。それどころか嫉妬はますます激しく燃え上がり、人々の正気を乱す。「嫉妬はつねに多忙である。嫉妬のごとく多忙で、しかも不生産的な情念の存在を私は知らない」（三木清『人生論ノート 他二篇』角川ソフィア文庫、２０１７年、82頁）。哲学者の三木清はそう残している。

嫉妬は苦しく、またみっともないものである。自分が嫉妬しているなどと、他人に知られることだけは避けたい。だが、私たちはそれでもどこか嫉妬心に魅せられ、それに取り憑かれることがある。そう、アンジャーとボーデンのように。

休暇嫉妬

『プレステージ』ほど強烈でなくとも、嫉妬感情は私たちにとって日常的なものだろう。というよりむしろ、嫉妬は現代社会において、ますます苛烈なものになっているようにすら思える。その傾向に拍車をかけているのは、間違いなくインターネットの存在である。ＳＮＳの普及によって、嫉妬の種子が至るところにまきちらされたと言ってよい。X（Twitter）やFacebook、あるいはInstagramで、人々は日夜、私生活や仕事がうまくいっていることをアピールしているし、それを見た人も嫉妬感情をかき立てられつつも、それでもその感情を否定するかのように形だけの「いいね」で応える（ように私には見えている）。

一つ例を挙げてみよう。たとえば、「休暇嫉妬（holiday envy）」と呼ばれるものがある。あなたは毎日朝早くから働き詰めで疲弊しており、なんなら今日も定時で帰れそうにない。休日には旅行に出かけるどころか、疲れのあまり、夕方まで布団から抜け出すことができないような始末だ。
そんなとき、何気なく開いたSNSで、友人が旅先の写真をアップロードしているのを見るとどんな気分になるだろう。家族や恋人と、美しい景色や食事を楽しんでいたり、真昼のビーチでカクテル片手にリラックスする様子がこれみよがしに流れてくるのを見たとき、何か不穏で不快な感情が芽生えたことはないだろうか。それが「休暇嫉妬」と呼ばれるものだ。あなたにできることは、友人のポストにそっと「いいね」し、惨めな気持ちを抱えて仕事に戻ることだけだ。
こうした休暇嫉妬に対し、冗談のような話がある。スイス東部にあるベルギューンはとても美しい観光地として知られているが、ベルギューンはそのあまりのインスタ映えのために、写真撮影を禁止したのだ。街には以下のような看板が設置された。

絵のように美しい風景の写真をソーシャルメディアでシェアすると、他人を不幸にしてしまうかもしれません。なぜなら、彼らはここに来ることはできないのですから。

撮影行為の禁止はもちろん茶番である。それが休暇嫉妬を抑制し、他人の不幸を予防することはないし、実際のところ「#bergun」で検索すると、多くの写真がアップロードされている。むしろそれは、注意書きがソーシャルメディアで〝バズる〟ことで、休暇嫉妬をますます煽るためのプロモーションであることは明らかである（Anne Hendershott, *The Politics of Envy*, Crisis Publications, 2020, pp. 258-259）。

嫉妬が歪めるメッセージ

日常的な嫉妬心のなかで、最も強力かつ頻繁に見られるのは、他人の成功にかんする妬みだろう。とりわけ自分と同等だと思っていた相手が、社会的階層を上昇するのを見るのは我慢ならない（小室圭さんのアメリカでの挑戦と成功を嘲笑うかのような、日本メディアの意地悪さを想起してみよう）。

しかし、こうした感情は社会にとっても無視しえないネガティブな効果を持つことがある。

２０１８年、ノーベル平和賞受賞者であるマララ・ユスフザイについて、以下のような報道があった。

史上最年少のノーベル平和賞受賞者、マララ・ユスフザイさん（20）が約5年半ぶりに母国パキスタンに一時帰国したが、市民の反応は冷ややかだ。背景には貧富の差が激しい同国を出て英国で暮らすマララさんへの嫉妬や、伝統的価値観と相いれない欧米社会への反感などがある。マララさんが帰国した3月29日、パキスタン私学連盟はマララさんの自叙伝「わたしはマララ」にかけて「30日を『わたしはマララじゃない』日にする」と呼び掛けた。同連盟は2013年の本の出版時にも私学での閲覧禁止処置を取った。どちらも「パキスタンやイスラム教を中傷している」「欧米社会の宣伝だ」などという理由だった。「なぜ彼女だけが注目を集めるのか。政府は（女子教育を支援する）『マララ基金』より、われわれのような貧しい者を支援すべきだ」。首都イスラマバードの理容師、アリ・アシュハーさん（24）は不満を隠さない。（ロイター＝共同、2018年4月1日）

マララの活動が、本人の意図とは無関係に、結果として欧米のイデオローグになってしまっているのかどうか私には判断することはできない。それよりもここで注目したいのは、オックスフォード大学に進学し、ノーベル平和賞を受賞したその輝かしい経歴が、パキスタンの人々の嫉妬を買ったということだ。この感情が、銃撃を受けてまで女性教育の重要性を訴えた彼女のメッセージの真意を、おそらくは誰も幸せにならないような方向へと歪めてしまっている。彼女は欧米の考え方にあまりにも毒されており、彼女の受賞は、そうした価値観に忠実にしたがった結果に過ぎないのだから耳を貸さなくていい、だから女子教育なんて必要ない、というように。

嫉妬心を煽るポピュリズム

嫉妬がもたらす認知の歪みは、権力者にとっては都合のよいものであるだろう。そのかぎりで、嫉妬はいち個人の問題だけでなく、広く政治や社会全体にもかかわるものだ。たとえば政治学で「ポピュリズム」と言われる現象を想起してみよう。思い起こせば、2010年代は世界のあちこちでポピュリズム政治が跋扈《ばっこ》しており、学界やメディアもポピュリズムについて盛んに議論していた。

一般にポピュリズムと言えば、大衆迎合的でばら撒《ま》き政治のようなイメージが強いかもしれない。政治学では、政治的な対立を単純化し、誰が友で誰が敵かをはっきりさせるような政治のあり方を指して用いられる。ポピュリストは人々のそうした感情の機微を掴むことに長けている。右派であれ左派であれ、ポピュリストが用いるレトリックは、とても巧みに人々の感情を揺さぶろうとする。

あなたの生活が苦しいのはいったい誰のせいなのか？　あなたがどれだけ頑張ってもうまくいかないのは、やつらが美味い汁を吸っているからじゃないか？

ポピュリストはそう問いかけ、そして〝犯人〟をズバリと指差す。そうすると、政策の失敗や不作為により本来は為政者に向くべきであった批判が、犯人にされた社会集団に向けられることになるのだ。このかん、人々の不満の矛先が、えてして社会的なマイノリティに向くことで、社会的な分断と憎悪がますます深刻なものになったことは周知の通りである。

権力者に利用される嫉妬心

同様に、日本でも定期的に噴き上がる生活保護受給者への過剰なバッシングにも、人々の嫉妬心が透けて見えるだろう。一般的に言って、生活保護をはじめとする社会保障の充実は、受益者全体の福利を向上させる望ましいもののはずである。誰しもいつどうなるか分からない社会であればなおさらだろう。にもかかわらず、嫉妬感情はここでも私たちを歪ませる。自分はこんなに苦労しているのにあいつらは……と、本来であれば為政者や経営者のような権力者に向いてよさそうな怨嗟が、自分より弱い人々へと向かってしまうのだ。福祉のコストカットをしたい権力者が、人々のこうした感情を利用しているのは間違いない。

こうした歪み効果のために、嫉妬感情が心を占拠してしまうと、陰謀論やフェイクニュースへの耐性を弱くすることにもなるだろう。妬ましい相手にとって不都合なことは、たとえそれが不正確な情報だったとしてもやすやすと受け入れてしまいそうになる。

私たち自身を振り返ってみても、こうした感情に身に覚えのない人はそう多くはないだろう。そのため、嫉妬心についてあれこれ考えるのはあまり愉快なことではない。人間のドロドロした感情を見つめること自体がときに心苦しいばかりでなく、どうしてもその過程で、認めたくない、日頃考えないようにしている自らの暗い部分を覗き込むことになるからだ。だからかもしれない。一般に、嫉妬についてのまとまった研究は、あまり多いとは言えない。

嫉妬への愛着

ところで「保守主義の父」とも言われるエドマンド・バークはかつて、「偏見」についての愛着を次のように告白したことがある。

御判りのように、私は、この啓蒙の時代にあってなおあえて次のように告白する程に途方もない人間です。即ち、我々は一般に無教育な感情の持ち主であって、我々の古い偏見を皆捨て去るどころかそれを大いに慈しんでいること、また、己が恥の上塗りでしょうが、それを偏見なるが故に慈しんでいること、しかもその偏見がより永続したものであり、より広汎に普及したものであればある程慈しむこと、等々です。我々は、各人が自分だけで私的に蓄えた理性に頼って生活したり取引したりせざるを得なくなるのを恐れています。（エドマンド・バーク『フランス革命の省察』半澤孝麿訳、みすず書房、２０１３年、１１０－１１１頁）

一般に、偏見を持っていることはあまり褒められたことではない。偏見のまなざしで何かを見たり考えたりすれば、偏った見方をしてしまい、誤った認識に至ってしまうと考えられているからだ。だからこそ、偏見を捨てようといったことがしばしば言われる。

しかし、バークは偏見のなかに、過去から受け継がれた社会の通念を見た。つまり、偏見とは歴史的に培われてきた知の形式ではないのか。こうした観点から彼は、拙速に偏見を捨て去ろうとする驕り高ぶった態度を戒めているわけである。

私は同じような愛着を嫉妬心に感じることがある。嫉妬は確かに困った感情だが、ある意味で最も人間らしい感情に思えたし、ときにそのおろかさや不合理が滑稽に、愛すべきものに感じてしまうことすらある。

本書を執筆しているあいだ、もしかするとこうした愛着は私に限ったものではないのではないか、と何度も感じることがあった。だからこそ、私たちはいつまでたっても嫉妬を手放すことができないのではないか。あるいはひょっとすると手放したくないのではないだろうか。

本書が目指すもの

こうした直感の裏付けになるのは、私たちの周りに嫉妬の物語があふれていることだ。文学や映画においても嫉妬にかんする話題には事欠かないし、それどころか、嫉妬感情はしばしば物語を動かす大きな起爆剤でもあった。こうしたあまたの記録が、どれもこれも面白いのだ。神とも動物とも異なる「人間味」というものがあるとすれば、それはこうした不合理さにあるに違いない。その意味で、本書が目指すのは一つの「人間学」でもある。

同時に、本書にはもう少し学術的な動機もある。嫉妬という感情は、通常、社会心理学のような分野で扱われることが多い。こうした研究では、人はどのような対象にどのような諸条件のもとで嫉妬心を抱きやすいか、嫉妬が強まる（あるいは弱まる）のはどういうときかなど、様々な実験を通じて明らかにされている。

だが、筆者は政治思想を専門にしている。なぜ心の領域の門外漢が嫉妬について語るのか。実際のところ、政治学はもちろん、人文学や社会科学の領域にあっても、嫉妬感情が主題になることはほとんどない。50年以上も前に出版された嫉妬論において、著者のヘルムート・シェックは「今世紀の始まり頃、作家たちがとりわけ社会科学や道徳哲学において、嫉妬の概念をますます抑圧する傾向を見せたことはきわめて興味深い」(Helmut Schoeck, *Envy: A Theory of Social Behaviour*, Liberty Fund, 1987〔原著は 1966〕, p. 8)と言っている。こうした事情はいまもそう変わらない。確かに近年「感情の政治学」への注目はにわかに集まりつつあるものの、嫉妬は外から見えにくい分、ほとんどの場合見落とされがちであった。

そこで本書ではこの嫉妬感情を中心に据える。本書を手にした人のなかには、もしかすると実際に妬ましい相手がいて、自分でもその嫉妬心をコントロールできず、なんとかしたいと思っている人や、おのれの嫉妬心を見つめ直し、それを克服するヒントが欲しい人もいるかもしれない。確かに、著名人による人生を見つめ直すための本であるとか、ある種の自己啓発本のなかでも、嫉妬感情がしばしば取り上げられているようだ。そこでは概して、嫉妬からいかに距離を取るのか、いかにこの感情を鎮めるか、ということについて書いてあることが多い。こうした類の指南書のなかには、嫉妬の芽生えを好機と捉え、自身の成長につなげようといったアドバイスすら散見される。だが、そうした〝実践的な〟アドバイスを求めるむきには、本書はあまり参考にならないかもしれない。

私は、多くの自己啓発本に見られるように、本書を単に嫉妬心を戒めるといったありがちな説教にはしたくないと思っている。代わりに強調したいのは、嫉妬感情が単に個人的なものではなく、私たちの政治や社会生活と深くかかわっているということだ。[*1] これは、永田町の陰謀や、権謀術数を駆使する老政治家の嫉妬のことではない。むしろ、正義や平等、さらには民主主義といった政治的な概念そのものが、嫉妬感情と深く関係している。だとすれば、嫉妬についての考察を抜きにして、政治的な概念や問題を理解することはできないのではないか。嫉妬がいかにしぶといものかを前提に、それが私たちの民主的な社会の必然的な副産物であることを示すことができればと思う。

＊1　嫉妬が社会に与える影響についてはいくらかの研究が存在する。たとえば、近年では嫉妬が政策や人々の政治行動に与える影響について分析する研究も存在している。Gwyneth H. McClendon, *Envy in Politics* (Princeton University Press, 2018) を参照。

第一章

嫉妬とは何か

友人が成功するたびに、私の中の何かが少しずつ死んでいく。
（ゴア・ヴィダル）

嫉妬の悪名高さ

嫉妬は誰しも多かれ少なかれ馴染みのある感情に違いない。心当たりがあると思う。隣人が高級車に乗っているのを見たとき、同期が自分を差し置いて出世したとき、嫉妬心は静かに芽生え、しだいに私たちを昼夜問わず苦しめるようになる。アメリカの小説家ゴア・ヴィダルはかつて、「友人が成功するたびに、私の中の何かが少しずつ死んでいく」(Hendershott, *The Politics of Envy*, p. 195) と冗談めかして言ったというが、ここにはどこか笑えない真実味がある。身近な友人関係から政治家や有名人のスキャンダルまで、世間には人々の嫉妬心があちこちで渦巻いている。

中世イタリアの画家であるジョット・ディ・ボンドーネは「羨望」という作品 (**図2、次ページ**) で、角の生えた、口から蛇を出す女性の姿を描いている。彼女の目は見えておらず、耳は大きく描かれているが、これらはそれぞれ嫉妬の「邪悪な目 evil eye」と他人への異常な関心を象徴している (Sara Protasi, *The Philosophy of Envy*, Cambridge University Press, 2021, p. 181)。片方の手は、いまにも他人の持ち物に手を伸ばさんとしており、もう片方の手は自分の所有物を決して手放すことがないようにしっかりと握られている。ここから嫉妬

図2
ジョット・ディ・ボンドーネ《羨望》
1305年頃

がいかに卑しい悪徳と考えられていたかがうかがえる。ちなみに嫉妬のモデルが女性であるのも、おそらく何らかのジェンダー的なバイアスがあるように思われる（日本語の嫉妬という語も「おんなへん」である！）。

言うまでもなく、嫉妬感情は一般にすこぶる評判が悪い。六世紀にグレゴリウス１世がキリスト教のいわゆる「七つの大罪」にエントリーしたが、その悪名高さはその他の悪徳のなかでもピカイチとされる。たとえばしばしば指摘されるように、嫉妬にはまったくもってプラスになるところがなく、何一つ取り柄がない。同じ七つの大罪に数えられる怠惰や憤怒にさえ、社会的には何かしらポジティブなところがなくはない。たとえば、怠惰は私たちの疲れを癒やすことがあるし、怒りもまた私たちを勇気ある行動（圧政や不正義への異議申し立てなど）へと奮い立たせることがある（Joseph Epstein, *Envy: Seven Deadly Sins*, Oxford University Press, 2003, p. 1）。

しかし、こと嫉妬にかんしては、そうしたポジティブな要素がいっさい見当たらないのである。このことが嫉妬をほかの感情とは一味ちがう、特別なものにしているように思う。イギリスの思想家ジョン・スチュアート・ミルが、嫉妬を「すべての激情の中で最も反社会的なまた最も忌まわしい感情」（Ｊ・Ｓ・ミル『自由論』塩尻公明・木村健康訳、岩波文庫、１９

71年、158頁）としているのも理由がないことではない。

嫉妬にまつわる物語

かくも敬遠される嫉妬であるが、厄介なことに、いつの時代にもかなり普遍的に見られるものらしい。古今東西いたるところでこのテーマについて多くのことが書かれてきた。キリスト教の聖書にも繰り返しこのテーマが現れる。

なかでもカインとアベルの物語はよく知られたものだろう。カインとアベルはそれぞれ作物と肥えた羊を神に捧げたが、神はカインの捧げ物には見向きもしなかったため、カインはアベルを殺害してしまった。政治思想家のハンナ・アーレントがこの物語を引き合いに出して「暴力ははじまりであった」と評したことがあるが、この逸話を読めばつい「嫉妬ははじまりであった」と言いたくもなる。

それでなくとも、人間の嫉妬にまつわる物語は、しばしば小説や戯曲の題材になってきた。たとえば、シェイクスピアの『オセロ』は、オセロの昇進や成功を妬むイアーゴがオセロを策略にかけようとする物語であるし、夏目漱石の『こころ』でも、先生のKに対する嫉妬

（あるいはジェラシー）がテーマの一つになっている。童話や子ども向けの物語でも、嫉妬は頻出するテーマである。有名どころでは『白雪姫』があるし、日本民話でも『花咲か爺』などがよく知られている。

さらに個人史としても、こうした感情は幼少期から見られるという。たとえば、兄弟姉妹間の嫉妬は典型的なものだろう。子どもは親や養育者の愛情が兄弟姉妹に向くことに我慢できず、何かしらトラブルを引き起こす（こうした兄弟姉妹間の敵対感情を、心理学では「カイン・コンプレックス」と呼ぶ）。こうした幼児の嫉妬について、神学者のアウグスティヌスは『告白』のなかでこう伝えている。

かよわい幼児の手足は無邪気でも、魂はけっして無邪気ではありません。私は、幼児が嫉んでいるのを見て、知っています。まだものもいえない年ごろでしたが、青白い顔にきつい目つきをして、乳兄弟をにらみつけていました。これはだれ知らぬ者もない事実です。（アウグスティヌス『告白I』山田晶訳、中公文庫、２０１４年、27頁）

嫉妬に狂うのは大人だけではなく、幼児もまた自分だけに向けられていた親の愛を奪われたと感じ、兄弟姉妹に嫉妬の炎を燃やすのである（ただし厳密に言えば、このあとでも議論するように、この幼児の感情は「嫉妬」というより「ジェラシー」に近いものと考えられる）。

かように、どうやら嫉妬するのであれ嫉妬されるのであれ、総じてこの感情を回避して生きることは容易ではなさそうだ。だからと言って、嫉妬に満ち満ちた社会に生きるのもなんだか嫌である。だとすると、この感情を真面目に検討し、上手な付き合い方を導いておくことは、それなりに意義のあることだろう。

良性嫉妬と悪性嫉妬

嫉妬論の世界では、しばしば二つのタイプの嫉妬感情が区別される。良性嫉妬（benign envy）と悪性嫉妬（malicious envy）である。ここで良性嫉妬と呼ばれているのは、隣人への敵対的な感覚を伴っておらず、どちらかと言えば優れた隣人への賞賛や憧れを表すものと考えられている。よくある少年漫画風に言えば、自分より優れたプレイヤーを目標にし、一歩でもその人物に近づけるよう一生懸命努力するといったものだろう。そのため、一般に良性嫉妬はそれほど悪いものとは考えられておらず、むしろ爽やかですらあり、社会的にも許容されやすい（Stanford Encyclopedia of Philosophy の"Envy"の項目を参照）。

これに対し悪性嫉妬は、はるかにタチの悪い嫉妬のことである。これは良性嫉妬とは異なり、精神的な痛みを伴うもので、さらに本性上、隣人への敵意を持った感情である点に特徴がある（Richard H. Smith, ed., *Envy: Theory and Research*, Oxford University Press, 2008, p. 4）。悪性嫉妬に支配されると、嫉妬者は相手の破滅を望むようになり、また嫉妬者自身もその感情に苦しみ、破滅することもある。一般に嫉妬という感情で考えられているのはこちらのほうだろう。

だがじつを言えば、本書はこの区別についてやや懐疑的である。確かにそうした区別が有用な局面もあるかもしれない。嫉妬と呼ばれる感情が、必ずしも他人の不幸を望むものとは限らず、嫉妬者を鼓舞してよりよい方向へ動機付けることもあるだろう。とは言いつつも、良性嫉妬をなおも嫉妬の一つのカテゴリーとして捉えてよいのだろうか。

本書が良性嫉妬という概念を避けたいと思っているのは、ある論者らが指摘するように、本書で論じようとする嫉妬の概念を曖昧にしてしまうからだ（Richard H. Smith and Sung Hee Kim, "Comprehending Envy", *Psychological Bulletin*, Vol.133, No.1, 2007）。

ここでは、嫉妬と憧憬（longing）を区別しておくことが手がかりになるだろう。どちらも他人が持っているものが欲望の原因になる点で違いはない。しかし憧憬の場合、私たちは自分が持っていない才能や容姿などを持つ誰かにあこがれの感情を抱き、自分もそれを手に入れられるよう努力するだろう。それに対し、嫉妬に特徴的なことは、他人が持っているものを自分が持っていないという状況に苦しみ、他人がそれを失うことを切望する点にある。自分をより高みへと引き上げるのではなく、むしろ他人の足を引っ張ることで溜飲を下げる、これこそ嫉妬が邪悪であるとされるゆえんだろう。そうすると、良性嫉妬という概念を保持する理由はなくなり、そうした感情については憧憬と呼べば事足りるはずである (Justin D'Arms and Alison Duncan Kerr, "Envy in the Philosophical Tradition" in Smith, ed., *Envy*, p. 47)。

そのため本書では一部の例外を除き、悪性嫉妬を話題の中心にする。本書では、他人の失敗を待ち望むもっと醜くドロドロした、おぞましい情念としての嫉妬をおもなターゲットにすることにしたい。

なぜ嫉妬は主題化されてこなかったのか

嫉妬心を持つと後ろめたいとか疚しいと感じてしまい、自分でもそのことをなかなか認めることができない。そのため、内なる嫉妬心は通常秘匿される。誰も自らが嫉妬に駆られているとは認めたくないし、何より他人にそのことを知られたくもない。

嫉妬の性質について、アメリカの小説家ハーマン・メルヴィルが『ビリー・バッド』のなかでとても興味深い指摘をしている。新米水兵のビリー・バッドは、船員の誰からも好かれていた。しかし、そんなビリーに嫉妬し、彼を策略に陥れようとしたのが先任衛兵長のクラガートであった。そこでメルヴィルは嫉妬感情について次のように書き記している。

〈嫉妬〉とは怪物だろうか？　まあ、咎を受けた者の多くは、刑罰の軽減のため、おのれのおぞましい行為について有罪をみとめるわけだが、はたして嫉妬を告白した者などいただろうか？　嫉妬にひそむ何かが、重犯罪よりも恥ずべきものとさえ世間では思われるふしがある。（メルヴィル『ビリー・バッド』飯野友幸訳、光文社、２０１２年、72頁）

私たちは嫉妬の存在を容易には認めようとしない。誰かの成功に妬んでいたとしても、「あいつは大したことない」といったように、その価値を否定することで自分を慰めることも多い。そのためこの感情は、たとえば怒りや悲しみといった感情に比べると、ストレートには表に現れにくい。それはたいていの場合、自らを偽装する。

そのためだろうか、現実の政治分析において、嫉妬が主題化されることはあまりない。だとすると、この感情にはどのような特徴があり、それが人々の判断や評価にどれほどの影響を与えているのか、あるいはもっと広く、嫉妬が持つ政治的な意味合いについて、私たちはあまり理解してこなかったのではないだろうか。本書が目指したいのは、この感情の秘密を心の暗部から引きずり出し、そこに光を当てることである——たとえその作業がときに苦痛に満ちたものだとしても。

嫉妬とは何か

嫉妬を意味する“envy”は、ラテン語の“*invidia*”に由来する。日本語では「嫉妬」のほか、「妬み」や「嫉み」、あるいは「羨望」といった言葉が当てられることも多い。本書では引用部分を除き、基本的に「嫉妬」もしくは「妬み」で統一することにしたい。

それでは、嫉妬感情をどのように定義できるだろうか。手元にある辞書を紐解いてみよう。「嫉妬」の項目には「自分よりすぐれた者をねたみそねむこと」(『広辞苑　第五版』)とある。

これはこれで簡潔な定義と言えようが、しかしよくよく考えると、一体どのような点において自分より優れているのか（それは財力にかんしてなのか、容姿なのか、はたまた社会的立場なのか）、どの程度優れていれば嫉妬の対象になるのか、かなり漠然としている。

今度はもう少し思想的な観点からこの感情を検討してみる。ここではドイツの哲学者イマニュエル・カントの定義を紹介しておこう。カントによれば、嫉妬とは「他人の幸福が自分の幸福を少しも損なうわけではないのに、他人の幸福をみるのに苦痛を伴うという性癖」（『カント全集11 人倫の形而上学』樽井正義・池尾恭一訳、岩波書店、２００２年、３４５頁）のことであるという。

パラフレーズしてみよう。嫉妬者は自分の損得とは無関係に隣人の幸福を許すことができない。つまり、彼（女）は自分の利得を最大化しようとしているわけではないのである。むしろ逆である。彼（女）はたとえ自分が損をしようと隣人の不幸を願う。嫉妬は功利主義的な快楽計算にはしたがわず、そうした自暴自棄さはある意味で、すがすがしくさえ感じるほどだ。

このように、嫉妬者は合理的な計算にはしたがわない。嫉妬感情のこうした性質が、この感情を社会科学で扱いにくくしているようにも思える。というのも、社会科学的な見方においては、アクター（行為者）は基本的に自分の利益を最大化しようとする合理的な主体と捉えられ、モデル化されているからだ。こうした見方からすると、嫉妬者の振る舞いはイレギュラーなものに映るだろう。それは気まぐれや外れ値のようなもので、理論やモデルにはなかなか乗ってこないのだ。[*1]

アリストテレスの嫉妬論

さて、嫉妬感情がある程度まとまった主題として展開されるのはアリストテレスにおいてである。

まず、嫉妬を抱くのはどのような人だろうか。アリストテレスによると、例として「自分と同じか、同じだと思える者がいる人々」、「よきものをほとんどすべて所有している人々」、「世の名声を集めている人々」、「名を欲しがる野心家」、「見せかけの知者」などが挙げられている。こうした人々について特段の説明は不要だろう。それどころか、二千年以上も前に生きた古代の賢人に躊躇なく頷けてしまうことのほうが驚異的である。嫉妬の表出の仕方には、時と場所を問わない、何かしらの普遍性がうかがえる。だが、この感情を抱くのが何か、特別な野心を持った一部の人々に限られたものであると考えてはいけない。「自分と同じか、同じだと思える者がいる人々」には、事実上、あらゆる人が含まれるのだから。このことにかんして、アリストテレスは『弁論術』第二巻第十章において具体例を挙げて述べている。

すなわち、妬みを抱くのは、自分と同じか、同じだと思える者がいる人々である。ところで、同じ人と私が言うのは、家系や血縁関係や年配、人柄、世評、財産などの面で同じような人のことである。（アリストテレス『弁論術』戸塚七郎訳、岩波文庫、１９９２年、２１７頁）

それでは今度は視点を変えて、一体どのような人が嫉妬の対象になるのだろうか。それはずばり、「時や場所や年配、世の評判などで自分に近い者」にほかならない。アリストテレスの例では、名誉を競い合っている相手や、自分に属すべきものを持っている人々がそれにあたる。つまり私たちは無闇矢鱈《むやみやたら》に、誰に対しても嫉妬を感じるわけではない。嫉妬の対象となるのは、私と関係のない無縁の誰かではなく、何らかの観点から嫉妬者に近しい人物である。

確かに、私たちは自分より何百年も過去に生きた人に嫉妬することは稀である（ただし、未来世代への嫉妬は十分にありえる）し、あるいは自分よりほんの少し待遇の良い隣人を妬むことはあっても、ドナルド・トランプやビル・ゲイツのような大富豪を妬む人は少ない。

ところで、この近さはどの程度のものだろうか。もちろん個人差もあろうが、たとえばあとどれくらい給料が上がってほしいかと人々に尋ねた研究がある。それによると、ほとんどの人があと15％くらい上がってくれればと答えたという。つまり粗っぽく言って、これがおよその嫉妬の範囲だと考えてよさそうである（Aaron Ben-Ze'ev, "Envy and Inequality", *The Journal of Philosophy*, Vol. 89, No. 11, 1992, p. 557）。

嫉妬はどのようなときに生じるのか

以上のアリストテレスの見解は、嫉妬の謎に接近することを可能にしてくれる。それでは、嫉妬はどのようなときに生じるか。これは割合はっきりしている。そう、嫉妬心が首をもたげるのは、自分を他人と比較するときにほかならない。つまり、嫉妬の感情は比較可能な者同士のあいだに生じるということだ。裏を返せば、比較できない相手に対しては、私たちは嫉妬を感じないということでもある。古代ギリシャの詩人ヘシオドスの「仕事と日」という作品には次のような一節がある。

大工は大工に、焼物師は焼物師に焼き餅を焼き、歌人は歌人を、乞食は乞食を小突き回すわけだ。（ヘシオドス『全作品』中務哲郎訳、京都大学学術出版会、２０１３年、１５９頁）

さしあたりここでは、嫉妬の感情が比較可能な者同士のあいだに生じるということを押さえておきたい（じつはこうした洞察は、なにもアリストテレスだけのものではない。第二章でも詳しく見るように、多くの哲学者や思想家らが同じことを指摘している）。

ところで、アリストテレスによれば、嫉妬は義憤とは区別される。義憤とは「不当な好運に苦痛を覚えること」（アリストテレス『弁論術』２１０頁）のことである。たとえば、自堕落でまったく努力もしていない人が莫大な遺産を相続したり、とても意地の悪い人物が善良な人を差し置いて成功を手にするときに私たちが感じる「なんであんなやつが！」といった苦々しい感情のことである。そのかぎりで、義憤という感情にはどこか道徳的に正当化できるところがなくはない。

確かに嫉妬感情も、他人の成功に痛みを覚える点で義憤と似ているが、だからと言って両者が同じというわけではない。というのも、アリストテレスによれば、妬みは「心の乱れを伴った苦痛であり、好運な状態に向けられるものではあるが、しかしその好運は、それを受けるに値しない者の好運ではなく、自分と同等で似ている者のそれだからである」（２１１頁）。つまり、その人物に相応しくない成功や幸運があれば、誰でもが原理上、義憤の対象になりうる。しかし嫉妬の場合はそうはいかない。嫉妬の宛先は自分との比較対象に限られる。しかも、その幸運がその人物に相応しいものであったとしても、嫉妬者はそれに我慢できないのである。

上方比較と下方比較

いけないと分かっていながらも、なにかと隣人の境遇と比較してしまう、これは人間の性《さが》であると言ってよい。私たちは他人と比較することではじめて、自分のアイデンティティを形成したり、社会における自らの立ち位置を確認することができる。その意味で比較することそれ自体にいいも悪いもない。

この比較にかんして、社会心理学では、「社会的比較理論」という議論が存在する。社会的比較とは「他者を媒介として自己の姿を認識する様態の一つ」（高田利武『新版 他者と比べる自分――社会的比較の心理学』サイエンス社、２０１１年、31頁）である。つまり、私たちは他人との比較を通じて、自尊心や劣等感を持ったりするというわけだ。

一般に、社会的比較は、優れた身体能力や知性、あるいは財産やプライベートの充実度などの点で、自分より優れた他者と比較する「上方比較」と、自分より劣位にある他者との比較を指す「下方比較」に分けることができる。私たちはたえず上と下を見ながら、自分の立ち位置をはかる悲しい生き物なのである。

上方嫉妬と下方嫉妬

しかし、こうした自然の本性とも言える比較も、嫉妬心が絡んでくると途端に息苦しいものになるだろう。たとえ相手のアドバンテージが些細なものであったとしても、その差異は実態よりもはるかに大きく見えてしまうものだ。

こうした比較を通じて生じる嫉妬をかりに「上方嫉妬」および「下方嫉妬」と呼ぶことに

しよう。上方嫉妬はある意味で分かりやすい。自分よりも優位な状況にある人々を見ることで、私たちの心は深くかき乱される。

より興味深いのは、「下方嫉妬」の存在である。通常、嫉妬感情は自分より優れた者に向けられる。しかしこの感情が厄介で、同時に面白いのは、嫉妬の対象が必ずしも自分より優位な者に限られないということだ。つまり、私たちは自分より下方にある、もしくは劣位にある人々に嫉妬することがありうる。

たとえば、裕福な老人による若者への嫉妬について、アリストテレスは「もともと自分に属すべきもの、或いはかつて自分が所有していたことのあるものを、現に持っていたり、手に入れたりしている人々」(『弁論術』219頁)への嫉妬であると説明している。

さらに人は、自分が苦労して手に入れたものを、ほかの誰かが簡単に手に入れたときにも嫉妬することがある。自分が血の滲《にじ》むような努力の末に成し遂げたと思っているものを誰かが難なく達成してしまうのを見たとき、あるいは自分は高額の支払いをしたのに、同じものを運良く安価で手に入れたような人がいると、その人物の才能や幸運に嫉妬が生じるというわけだ。以上のことを、アリストテレスは次のようにまとめている。

それゆえ、年老いた人々は若者たちに対し、また、同じことに多くを使い果たした人は僅かしか費やさなかった人に対し、妬みを持つのである。また、難渋の末やっと手に入れたか、または手に入れることのできなかった人は、素早く手に入れた人に対し妬みを抱く。（219頁）

おそらく、生活保護受給者に向けられるスティグマも、こうしたマインドから理解できるだろう。自分は日夜働き詰めなのに、働きもしないで金銭を得ていてけしからん……。こうした物言いはいっけん道義的な怒りに見せかけてはいるが、そこにはえてしてドロドロとした下方嫉妬が隠れているものだ。

「相対的剥奪」とは何か

自分が感じる満足の絶対量の多寡ではなく、他人と比較することで生じる不満や欠乏感のことを、社会学や社会心理学の分野では「相対的剥奪」と呼ぶ。この概念は、サミュエル・スタウファーらによる従軍兵についての研究である『アメリカ兵』ではじめて明示的に議論されたものであり、人々の不公平感を描写するための重要な概念になっている。この不公平感が嫉妬感情とかかわることは明らかであるため、ここで言及しておく価値はある。

「マタイによる福音書」にある「ぶどう園の労働者」の喩えが戒めるのはこの相対的剥奪感のことだろう。それは次のようなエピソードである。ぶどう園の主人は労働者を雇うために朝早く出かけた。9時ごろに何もしないで立っている人々に声をかけ、1日1デナリオンで雇った。しかし労働力がまだ足りないため、12時ごろ、そして3時ごろにも人を雇った。5時ごろにも出かけていくと、まだ何もしていない人々が立っていたので「なぜ、何もしないで1日中ここに立っているのか」と尋ねると、彼らは「だれも雇ってくれないのです」と言った。そこで主人は彼らもぶどう園で雇うことにした。

さて、夕方になり、1日分の給料を払う段となり、主人はまず5時ごろにやってきた労働者に1デナリオンずつ支払った。朝から働いていた人たちはそれを見て、自分たちはより多く受け取れると期待したが、主人は彼らにも1デナリオンずつ支払った。人々は当然不平を言う。「最後に来たこの連中は、1時間しか働きませんでした。まる1日、暑い中を辛抱して働いたわたしたちと、この連中とを同じ扱いにするとは」。それに主人はこう答えた。「友よ、あなたに不当なことはしていない。あなたはわたしと1デナリオンの約束をしたではないか。自分の分を受け取って帰りなさい。わたしはこの最後の者にも、あなたと同じように支払ってやりたいのだ。自分のものを自分のしたいようにしては、いけないか。それとも、わたしの気前のよさをねたむのか」（マタイによる福音書20章1‐16節）。

朝から働いた労働者は約束通りの給料をもらえたのだから、自分よりあとに来た労働者らの待遇を知ることさえなければ、不満を持たなかったはずである。しかし問題は、それを見てしまったことなのだ。

サルを使ったある実験

ある論者によると、相対的剝奪が感じられるのは、おおむね以下のような条件が満たされたときである。

（i）Aは、あるモノXを所有していない
（ii）Aは、Xを所有している他のある人物Bを見る
（iii）Aは、Xを所有したいと思っている

（iv）Aは、Xを持つ可能性が自分にもあったと思っている

これらの条件が揃ったとき、Aは相対的剥奪を感じていると言ってよい（W. G. Runciman, *Relative Deprivation and Social Justice: A Study of Attitudes to Social Inequality in Twentieth-Century England*, University of California Press, 1966, p. 10）。絶対量で不足しているわけではないけれども、他人と比べて自分が相応しい報酬を受け取っていないのではないかという感覚が、強い不公平感を人に与えるのである（高坂健次「相対的剥奪論 再訪」（一）〜（十一）〈『関西学院大学社会学部紀要』１０８‐１１８号、２００９‐２０１４年〉を参照）。

こうした不公平感を持つのは何も人間だけではない。動物行動学者のフランス・ドゥ・ヴァールはオマキザルについてある実験を行っている。それは以下のようなものだ。

> 私たちは一度に二匹のサルで実験をした。一匹に小石を渡すと、サラ〔実験を行った人物〕は手を差し出して、キュウリのスライスひと切れと引き換えに小石を返してもらう。二匹とも喜んで、代わるがわる物々交換を25回も続けた。だが、私たちが扱いを不公平にした途端、雰囲気が悪くなった。一匹には相変わらずキュウリを与えたが、もう

一匹には大好物のブドウを与えたのだ。どう見ても、待遇の良いほうのサルに不満はなかったが、キュウリしかもらえないほうはあっという間に興味を失った。それどころか、パートナーが美味しそうなブドウをもらっているのを見ると、いらだって、小石や、ときには小さなキュウリさえ実験部屋の外へ放り出した。ふだんはがつがつと貪り食う食べ物が、忌まわしいものになったのだ。（フランス・ドゥ・ヴァール『共感の時代へ――動物行動学が教えてくれること』柴田裕之訳、紀伊國屋書店、２０１０年、２６４頁）

ドゥ・ヴァールは、こうしたサルの行動を不公平感にもとづいたものであると考えている。社会学者の石田淳は、このサルの置かれた状況が先に提示した相対的剥奪感の四つの条件を満たしていることから、サルの不満を相対的剥奪の表れであるとする（石田淳『相対的剥奪の社会学――不平等と意識のパラドックス』東京大学出版会、２０１５年、第二章を参照）。

こうした相対的剥奪の感覚が社会や政治に大きな影響を与えることがある。その例としてここでは、イギリスやアメリカの白人労働者階級における相対的剥奪感の高まりが、移民やその他のマイノリティを排除しようとする急進右派の支持につながっているという研究を挙げておきたい（ジャスティン・ゲスト『新たなマイノリティの誕生――声を奪われた白人労働者たち』吉田徹ほか訳、弘文堂、2019年、313頁)。

嫉妬とジェラシー

確認しておこう。嫉妬は自らを偽装する。自分の嫉妬心を他人に知られたくない、自分でもそれを認めたくないという思いから、嫉妬はなかなか外部に現れない。それゆえ、嫉妬感情の特徴をできるだけ正しく掴むためには、その他の近しい感情と区別して理解することが有用になるだろう。

まず、嫉妬としばしば混同されがちなものに「ジェラシー(jealousy)」がある。一般にジェラシーは嫉妬よりもはるかに無害であり、典型的には恋人へのヤキモチのように社会的にも許容されやすい。しかし、嫉妬とジェラシーをはっきりと区別するのは難しく、両者はかなりのところ入り混じっている。たとえば先の引用のなかでメルヴィルは嫉妬を怪物に喩えていたが、シェイクスピアもまた同じような比喩を使っている。有名なイアーゴの台詞である。

お気をつけなさい、将軍、嫉妬《ジェラシー》というやつに。

こいつは緑色の目をした怪物で、人の心を餌食とし、
それをもてあそぶのです。

（ウィリアム・シェイクスピア『オセロー』小田島雄志訳、
白水Uブックス、１９８３年、１１６頁）

『オセロ』のよく知られた箇所である。注意すべきは、シェイクスピアがここで「エンヴィー」ではなく「ジェラシー」について語っていることだ。つまりここで怪物とされているのはジェラシーのことである。だが、精神分析家のメラニー・クラインが指摘するように、ここでシェイクスピアは嫉妬とジェラシーをあまりきちんと区別していない。一般的に言っても、嫉妬とジェラシーはあまり厳密に区別されることなく、ほとんど互換可能なものとして用いられることが多いように思われる（『メラニー・クライン著作集５ 羨望と感謝』小此木啓吾・岩崎徹也責任編訳、誠信書房、１９９６年、12頁）。

またいくつかの心理学の実験が示すように、しばしば嫉妬とジェラシーが同時に現れる点も、両者を区別しがたくしている原因だろう。たとえば、妻が自分より優れた職場の男性の同僚を賞賛するときの夫の感情をなんと呼べばいいだろうか。おそらく、自分の同性につい

てのポジティブなコメントは夫のジェラシーをかき立てるだろうし、その同僚の抜きん出た仕事ぶりが注目されると、今度は嫉妬を感じるに違いない。このとき夫が感じているのは、両者が混じり合ったなんとも言いがたいものではないだろうか (Smith and Kim, "Comprehending Envy", pp. 47-48)。そのため、本人にとっても自身の感情が一体どちらなのか、いまひとつ判然としなかったとしても不思議ではない。そういう事情から、この二つの感情はあまり区別されることなく用いられているのが実際である。[*2]

欠如と喪失

とは言っても、それでも分析的には区別は必要だろう。じつは嫉妬とジェラシーがいくら似ているとしても、両者には決定的な違いがある。すなわち、ジェラシーが「喪失」にかかわるのに対し、嫉妬はおもに「欠如」にかかわっているということだ (Protasi, *The Philosophy of Envy*, p. 12)。つまり、ジェラシーを感じる人は、ライバルが自分のものを奪おうとしていると考えるのに対し、嫉妬者の場合、自分が欲しているものをライバルが持っていると考えるわけだ。

たとえば、自分の恋人が異性と仲良くしているのを見てジェラシーを感じるのは、自分のパートナーを「喪失」しかねない事態に直面しているからである。他方で、同僚の高い評価に対する嫉妬は、自分には「欠如」しているもの（ここでは肯定的な評判）を相手が手にしたことから生じる、といった具合である。別の言い方をすれば、ジェラシーが防御的であるとすれば、嫉妬はむしろ攻撃的なのである（p. 14）。

同じようなことは、社会学者のゲオルク・ジンメルによっても指摘されている。彼は嫉妬とジェラシーについて「この二つの感情は疑いもなく人間的な状態の形成にとってきわめて大きな意義をもつ」とする。そのさい嫉妬に「獲得」、ジェラシーには「保持」という言葉を対応させ、「獲得が問題であるばあい、われわれはむしろ嫉妬について語り、保持が問題であるばあいには、ジェラシーについて語るであろう」（ゲオルク・ジンメル『社会学――社会化の諸形式についての研究 上』居安正訳、白水社、２０１６年、２９２‐２９３頁。なお、訳書ではenvyには「羨望」が、jealousyには「嫉妬」が当てられていたが、本書の用語法にしたがって訳を一部変更した）と両者を区別する。

ルサンチマン

それでは「ルサンチマン」はどうだろうか。ルサンチマンと言えば、即座にニーチェの名前を思い浮かべる人も多いだろう。ニーチェは『道徳の系譜学』のなかで、ルサンチマンの人は「行動によって反応することができないために、想像だけの復讐によって、その埋め合わせをするような人」（ニーチェ『道徳の系譜学』中山元訳、光文社、２００９年、57頁）であると言っている。しかもその怨念は他者に向けられる。ルサンチマンの人は悪しき敵をつくりだし、自らを「善人」として映し出すわけだ。彼は隣人を否定することによってしか、自身を肯定できないのである。ニーチェはこれを奴隷の道徳であるとし、次のように表現した。

奴隷の道徳は最初から、「外にあるもの」を、「他なるもの」を、「自己ならざるもの」を、否定の言葉、否《ナイン》で否定する。この否定の言葉、否《ナイン》が彼らの創造的な行為なのだ。

（57頁）

ニーチェからすると、奴隷は受動的な存在である。それは何か高貴なものを生み出す貴族的な心性とは正反対のものであるが、弱者はこうした奴隷的なルサンチマンにすがって生きていくほかないのである。

さらに、ここではドイツの哲学者マックス・シェーラーの議論を見ておこう。シェーラーはニーチェに感化されつつ、ルサンチマンを一つの価値転倒と見た。要はイソップの「酸っぱい葡萄」の寓話のことである。狐は自分が手に入れられない葡萄を酸っぱいと決めつけることで自らを慰める。同じことがルサンチマンにおいても生じている。すなわち、ルサンチマンはどうしても手に入れることのできないものがあるとき、その価値を否定することで満たされない要求を慰撫する心性の働きにほかならない。

シェーラーは、こうしたルサンチマンが生じる原因を次のように特定している。

人間本性の基礎的構成要素を形成しているそのものとしては正常なある種の感情あるいは情緒の組織的な抑圧によって引き起こされ、特定の価値錯覚とそれに対応する特定の価値判断のある種の持続的な傾向を結果として伴なう持続的な心的態度である。（マックス・シェーラー『ルサンチマン――愛憎の現象学と文化病理学』津田淳訳、北望社、1972年、8頁）

これだけではかなり分かりにくいので、もう少し丁寧に説明しておこう。シェーラーによれば、ルサンチマンはある特定の感情を抑圧することによって生じるという。ここでその感情として挙げられているのは、復讐心や憎悪、敵意や嫉妬、そして猜疑心などのことである。これら強烈かつネガティブな感情がうまく発散されず、抑圧されてしまうと、それがだんだんと無力感を醸成するようになり、ルサンチマンの原因になるわけだ。

シェーラーによれば、真に平等な社会であるとか、インドのカーストのような社会では、復讐感情は醸成されにくく、ルサンチマンはそれほど大したものにはならない。むしろ私たちの社会のほうが、はるかにルサンチマンは生じやすい。つまり、政治的その他の点において形式的に平等な権利が認められていながら、実際にはきわめて不平等な社会のことである。ここでは、虐げられた人々の復讐感情と屈辱感は募るばかりであり、しかもそれを表に出すことも許されないのだ。

こうしたルサンチマンの特徴は、本書で私たちが描き出そうとする嫉妬感情とかなりのところ似通っている。だがそれでもやはり、両者は同じものではないだろう。嫉妬感情はルサンチマンを引き起こす一つの燃料であり、そのかぎりで高貴な価値を否定するルサンチマンそのものとはさしあたり区別できるはずである。

シャーデンフロイデ――他人の不幸は蜜の味

そのほか、心理学の分野で「シャーデンフロイデ」と呼ばれるものがある。この言葉は、「害」を意味する「シャーデン」と「喜び」を意味する「フロイデ」が組み合わさったドイツ語である。いっときのネット用語で言えば「メシウマ」と言えば分かりやすいだろうか。あるいは「他人の不幸は蜜の味」や「隣の貧乏鴨の味」といったところである。

あるところでニーチェは、こうした感情が「誰もが多くの点で自分の境遇が思わしくないと自覚しているとか、心配や嫉妬や苦痛を持つという事情に由来する」とし、平等の観念と絡めつつ、これが社会の成立と同じくらい古いものであると示唆している。

かくして、平等を志向する人間の性向がその尺度を幸運と偶然の領域に適用しようとするわけで、他人の不幸を喜ぶ気持ちは、平等性の勝利と回復についての最も卑俗な表現であり、またこのことはもっと高次な秩序の世界の内部でも同じである。人間が他人のなかに自分と同類の者を認めることを学んで以来はじめて、つまり、社会が建設されて以来はじめて、他人の不幸を喜ぶ気持ちが存在するに至ったわけだ。（『ニーチェ全集 六 人間的、あまりに人間的Ⅱ』中島義生訳、筑摩書房、１９９４年、２９３頁）

シャーデンフロイデは、他人の不幸から悦びを引き出している点で大いに恥ずべき感情だ。容易に想像できるようにこれは嫉妬感情とも密接に絡み合っている。つまり、妬みの対象が不幸のどん底にあるのを目の当たりにすると、妬みはシャーデンフロイデに転生するというわけだ。

嫉妬とシャーデンフロイデの結びつきを示す具体例を見てみよう。リチャード・H・スミスは嫉妬とシャーデンフロイデの関係をある実験によって検証している。まず参加者にある医大生のインタビューを見せる。このインタビューには「優秀な学生バージョン」と「平均的な学生バージョン」があり、前者ではハーバード大学で学業に勤しみ、高級マンションに住み、魅力的なパートナーと食事するシーンなどがあり、後者では学生寮に住みながら満員電車に揺られ、課題に悪戦苦闘するぱっとしない学生の姿が映っていた。当然、前者の学生に対する嫉妬がより強くなるようデザインされている。続いて、映像には不幸な後日談が差し込まれる。医大生が研究室から薬品を窃盗したことで逮捕され、大学院への進学が延期された、というものだ。

実験参加者への質問調査で分かったことは、平均的な学生に対するよりも、優秀な学生に対していっそう多くのシャーデンフロイデが観察されたということだ。「ざまあみろ」というわけだろう。この実験からスミスは、妬みが大きいほど、シャーデンフロイデも大きくなったと確認している（リチャード・H・スミス『シャーデンフロイデ――人の不幸を喜ぶ私たちの闇』澤田匡人訳、勁草書房、２０１８年、１５７‐１５９頁）。

いかに妬まれないようにするか

相対的剥奪、ジェラシー、ルサンチマン、シャーデンフロイデ。本書の主題である嫉妬は、これらの感情と部分的には重なりつつも、そのいずれともぴったりと一致しない感情であることが分かるだろう。

それでは、人々はこの特異な感情に、どのように向き合ってきたのだろうか。嫉妬されることは、私たちにどのような影響をもたらすだろうか。確かに、嫉妬の対象になることや、誰かに嫉妬されることがよい影響を持つこともあるだろう。他人の嫉妬が自己肯定感や自信を高める結果になったという調査も存在する。これは、自分の評価が他者の評価に依存するという社会心理学の議論とも整合的である（W. G. Parrott and P. M. Mosquera, “On the Pleasures and Displeasures of Being Envied”, in Smith, ed., *Envy*, p. 121）。

だが一般的に言って、嫉妬の対象になることは恐ろしいことである。隣人の悪意あるまなざしは端的に居心地の悪いものであるし、自分の幸福を後ろめたいものにするだろう。それだけでなく、嫉妬者は私が何かしら不利益を被ることを望んでいるだろうし、批判的なことを吹聴したり、場合によっては身体的な攻撃に出ることもあるかもしれない。

いかに隣人から妬まれないようにするかという問題は、とりわけ小さなコミュニティでは生き死ににもかかわる、とにもかくにも抜き差しのならない関心事であった。こうした閉じた社会状況では、持つ者は自らの富や幸運をおいそれと見せびらかすわけにはいかない。隣人の嫉妬は、我が身の破滅へとつながる道である。

「嫉妬の解剖学」――アメリカ人類学者の論考

この点を明快に論じたのが、アメリカの人類学者ジョージ・フォスターである。以下では、フォスターの「嫉妬の解剖学」(George M. Foster, "The Anatomy of Envy: A Study in Symbolic Behavior", *Current Anthropology*, Vol.13, No.2, 1972) という論考をもとに、小さなコミュニティにあって、人々がどのように嫉妬を恐れ、それを回避してきたかを見ておくことにしよう。

まず、農耕社会のような閉じたシステムにあっては、人々の損得はゼロサムゲームになる傾向が強いという。つまり、生産の拡大や経済成長といった資本主義的な観念とはほとんど無縁なため、ある人物、ある家族の利益は必然的に誰かの損失にそのまま結びつきやすい。そのようなコミュニティでは、人々は隣人からの制裁を恐れるあまり、他人より多く持つことを望まない。他人より多く持つことは、それだけで妬みや憎悪の対象になりかねないからだ。

四つの戦略

それでは、隣人の嫉妬をどのようにして避けることができるだろうか。フォスターは、私たちが隣人の嫉妬を恐れ、それをなんとか諌《いさ》めようとするとき、その行動にはおよそ四つの戦略があると言う。

隠蔽

最初の戦略は「隠蔽 concealment」である。つまり、妬みの対象になりそうなものを隣人の目につかないところに隠すというものだ。

たとえば、ツィンツンツァンというメキシコのある町では、子どもを持つことは妬みの対象になるため、妊婦は腹部をきつく締め上げ、妊娠の事実をできるだけ隠そうとするという。また、いくつかの部族には、夫が産みの苦しみを模倣する「擬娩（couvade)」と呼ばれる風習があるらしい。これもまた、人々の視線を妻や子から夫へと移すためのある種の隠蔽戦略ではないかと、フォスターは指摘している。

これは私たちの日常行為を振り返ってもよく分かる。たとえば大学業界では、自分の就職や異動について、内定段階では家族などのごくごく親しい人以外には公言しないほうがよいという不文律がある。これは、競争や嫉妬が激しい研究者コミュニティにあって、どこから話を聞きつけた悪意ある誰かが、自分の成功を妨害する（たとえば怪文書のようなもので）ことを避けるためであろう。もちろん過去にそういうことがあったに過ぎず、最近ではそのような妨害工作はないと信じたいところだが、なぜかいまだに律儀に守られている慣習である。これもまた、他人の嫉妬を避けるための幸福の隠蔽であると言える。

否認

しかし「隠蔽」がつねにうまくいくとは限らない。隣人は悪意あるまなざしでたえずこちらをうかがっている。うまく隠したつもりでも、こちらのふとした仕草や噂を通じて、火種は人々の口の端を流れていく（嫉妬者は、引っ越しや不自然な沈黙といった何気ないヒントからも他人の成功やライフチャンスを勘繰るものだ）。

隠蔽に失敗するとき、次なる戦略として繰り出されるのが「否認 denial」である。これはいわば他者からの称賛やお世辞に対して「いやいや大したことないですよ」と謙遜する、日常的にもごくごくありふれたやりとりのことである。つまり、他人の嫉妬を喚起するものの価値をあえて否定したり低く見積もることで、妬みを和らげようとするのだ。「優秀なお子さんですね」と言われれば、「いやいや、うちの子は本当に落ち着きがなくて……」といった具合である。

生態人類学の分野でも、部族社会がどのように妬み感情をコントロールしているかが注目されている。南アフリカのカラハリ砂漠に住むブッシュマンについての報告によれば、ブッシュマンたちは狩猟で大きな獲物を得ると大きな喜びに包まれるが、獲物を射止めた張本人の狩人には謙虚さが求められ、この歓喜の輪に加わらない。

獲物を射止めた狩人には、謙虚で控え目な態度が要求される。大物を仕止めた狩人は、キャンプに帰ってきても、黙って、誰かが話しかけるまで坐っており、「今日はどうだった」と尋ねられても、静かに、「ほんの小さなやつを見かけただけさ」と答えるものだという。（掛谷誠「『妬み』の生態人類学――アフリカの事例を中心に」大塚柳太郎編『現代の人類学1　生態人類学』至文堂、1983年、236頁）

これも自身の手柄を「否認」することによって、妬みの発生を抑制しているものと考えてよいだろう。自分の成功を誇示しすぎないことが、とりわけ小さなコミュニティにおいてはいかに重要であるかが分かる。

さらにフォスターによれば、喪の儀式で暗い服を身に纏い、快楽に結びつく様々な活動を自粛するのも、死者に生者を嫉妬させないための象徴的な否認であるという。生を生きるに値しないものと見せかける儀式が終わると、それ以上死者に後ろめたさを感じることなく、安心して生の楽しみを享受することができるようになるわけだ。

賄賂

ただし、こうした「否認」によっても嫉妬者はなかなか見逃してはくれず、こちらをひきつづき注意深くうかがっている。「隠蔽」や「否認」によってうまく妬みを抑えられないときには別の戦略が必要になる。それが「賄賂 sop」である。これは、競争に敗北した者の失望感を和らげる象徴的な分け前のことである。勝者は嫉妬者にちょっとした分け前を与えることによって、妬み心を相殺しようとするわけだ。

たとえばヨルダンの宿では、宿泊客が何かを褒めようものなら（たとえば「素敵なカップですね」というように）、主人は「よかったらお持ちになってください」と言わなくてはならない。こうすることで主人は客の嫉妬心を抑制することができると考えられているからだ。いうまでもなく、このやりとりにおいて、客のほうは主人の申し出を辞退することが期待されているのだが、ここではきわめて高度なコミュニケーションが行われている。

私たちの社会でも、結婚式で新婦が投げるブーケや、旅行先で購入するお土産にもそのような分け前としての機能が認められる。そうした特別な機会を享受していない相手の嫉妬を避けるための同様の仕掛けが、社会のあちこちに認められるだろう。

ついでに言えば、日本ではあまり見かけないが、レストランでチップを払うという慣行も、少なくともその起源にあっては、ウェイターの嫉妬を抑えるための分け前であったとフォスターは分析している。飲食物は典型的に妬みの対象であり、チップを渡すことで安心してそれらを楽しむことができるのである。

共有

これらいずれの戦略も十分に機能しないとき、最後の拠り所となるのが「共有 true sharing」である。つまり、上記のいずれの戦略も功を奏さないとき、嫉妬を避けようとすれば、分け前のレベルをはるかに超えて自らの財や幸福をシェアするしかない。

たとえば、ラテンアメリカの農村コミュニティでは、マヨルドーモ（mayordomos 現場監督のような人）が定期的な祝祭を主催する。富を余分に持つ者は、宴会を催して、そこで食べ物や飲み物、花火などを派手に供することによって、コミュニティ内の不均衡をもとの水準に戻そうとするのである。これは、いわば余分な富の破壊にほかならない（P・デュムシェル／J・P・デュピュイ『物の地獄――ルネ・ジラールと経済の論理』織田年和・富永茂樹訳、法政大学出版局、1990年、21頁）。彼はこれによって莫大な借金を背負うこともあるが、これは自分の暮らし向きを悪くすることで、裕福でない隣人の嫉妬を避けていると考えられるだろう。

嫉妬恐怖は果てしなく続く

ここまで隣人の嫉妬に対する恐怖と、それを回避するためのいくつかの戦略について概観してきた。そこには多かれ少なかれ、私たちがふだん何気なく行なっている振る舞いも含まれていたはずだ。だが、じつは嫉妬恐怖の話にはまだ続きがある。つまり、嫉妬される恐怖のほかにも、あるいはそれ以上に恐ろしいことがあるのだ。フォスターの次の文章を見てみよう。

過度に一般化して言えば、次のように言うことができるだろう。人間は、自分が持っているものが嫉妬されることを恐れ、他人の嫉妬の帰結から自身の身を守ろうとする。人間はまた、自分が誰かを嫉妬していると非難されることを恐れ、その疑いを晴らそうとする。そして最後に、人間は自らが嫉妬していることを認めることを恐れている。そのため、自分の嫉妬心を否定し、個人の責任以外の理由で、他人より劣位にある状況を説明してくれる根拠や仕組みを探し求めている。(Foster, "The Anatomy of Envy", p. 166)

ここには隣人に嫉妬されることの恐怖のほかに、二つの恐怖が言及されている。つまり、隣人嫉妬とは別に以下の二つの恐怖がある。

(i) 自分が嫉妬していると他人に思われる恐怖
(ii) 自分が嫉妬していることを自分で認める恐怖

こうした恐怖は、フォスターが対象にした閉じた農耕社会に限ったものではなく、むしろ現代社会にも多分に通じるところがある。

自分が嫉妬していると他人に思われる恐怖

まず、自分が嫉妬していると思われる恐怖とは何だろうか。ここまで見てきたように、私たちは一般に、嫉妬感情を表に出すことを極端に嫌う。嫉妬心は道徳的に擁護しがたく、恥ずかしいものであることを知っているからだ。他人の成功や幸福を前に嫉妬が疑われていそうな場合、あなたならその嫌疑を打ち消すためにどうするだろうか。たとえば同期による自分を差し置いての昇進をあなたは本当にめでたいことと思っていて、心から祝意を伝えたいのだが、そこに嫉妬心のカケラもないことを示すにはどうしたらいいのだろうか。

たとえばメキシコでは、友人の子どもを褒めるとき、同時に子どものほっぺたを叩いたり、お尻をはたくことがあるという。これはいわば「私はあなたの子どもを褒めているけど、羨ましいとは思ってませんから！（だから私の嫉妬を心配しなくて大丈夫ですよ）」ということを示しているようだ。いずれにせよ、誰かへの嫉妬を疑われることは、私たちを非常に難しい立場に追いやることを意味するだろう。

自分が嫉妬していることを自分で認める恐怖

自分が嫉妬していることを他人に知られるのはとても恥ずかしいことだが、自分の嫉妬に自分で気づいてしまうことには、それとは別の残酷さが伴っている。つまり、誰かへの嫉妬を認めることは、同時にその人物に対する劣等感を認めることにもなるのだ。これは当人の自尊心を大いに傷つけるものであり、なかなか受け入れがたいことだろう。

そのため、私たちが自分の嫉妬を受け入れるためには、その劣等感を自分の責任にするのではなく、何か別の理由、たとえば私たちにはコントロールすることができない運や運命のせいにしてくれる文化的装置がとても重要になる。たとえば失敗や不運を神の意志であると考えることができれば、それは私の能力不足のためではないと自尊心を傷つけることなく諦めがつくかもしれない。

あるいはフォスターは、劣等感を和らげる文化形式として「くじ引き」の機能に言及している。それによると、いくつかの農耕社会では、稀少な資源の分配はくじ引きを利用して行われた。くじ引きであれば、分配に与れなかった者がいくら悔しい思いをしようとも、勝者に対して劣等感を抱く必要はない。

こうした例は現代にも見出すことができる。そのむかし、ある種の助成金や奨学金には大学ごとに枠が決まっていて有名大学じゃないとまず取れないという陰謀論めいた話があった。しかしこの神話のおかげで、有名大学以外であればあとは運次第なのだと開き直ることができ、不採択でもある程度自尊心を保ちつつ研究を続けることができるわけだ（そして翌年もすっきりと挑戦できた）。

同じようなことは選挙にも当てはまる。いくら自民党が長らく優勢な日本のような国であっても、選挙の存在が最小限の不確実性や不透明性を政治の領域に持ちこんでいる。あるいは、○○が票を操作しているに違いないといった陰謀論っぽい話もときおり持ち出される。しかし民主主義にとって、こうした不確実性や不透明性は決定的に重要なものではないだろうか。つまりこの曖昧さのおかげで、敗者のほうも「選挙が正当に行われていれば我々が勝っていた」であるとか、「投票率があと○％高ければ野党が逆転していた」と言うことができるようになり、敗北しながらも自尊心を保ち続ける（そして次の選挙にのぞむ）ことができるのである。

道徳羨望――なぜホワイトカラーがブルーカラーに嫉妬するのか

現代社会では、嫉妬心の表れ方もやや複雑な様相を呈している。通常、嫉妬は自分より優位な人に向けられることが多いが、その原則が通用しないことがある。人類学者のデヴィッド・グレーバーは、中間管理職が工場労働者に抱く反感を「道徳羨望（moral envy）」と呼んでいる。

なぜホワイトカラーがブルーカラーに嫉妬するのか。これを理解するためにはグレーバーが概念化した「ブルシット・ジョブ（Bullshit Jobs）」（日本語では「クソどうでもいい仕事」）について一瞥しておく必要がある。ブルシット・ジョブとは、言ってしまえば、なくても誰も困らないような、社会に何ももたらしていないような仕事（たとえば、人材コンサルタントなど）のことであり、グレーバーの見るところ、現代社会ではそのような仕事があふれている。テクノロジーの発展により人間は労働から解放されるどころか、ますますそうしたブルシット・ジョブに従事するようになってしまった。しかも、えてしてブルシット・ジョブには高い報酬が支払われ、他方で社会的に不可欠な仕事（いわゆるエッセンシャル・ワーク）ほど低賃金である。こうした状況に彼は警鐘を鳴らしたわけだ。

道徳羨望は、ブルシット・ジョブ現象の一つの帰結である。中間管理職が労働者を妬むのは、中間管理職の仕事が総じてブルシットなものであるのに対し、労働者らは自身の仕事に誇りを感じることができる状況にあるからだ。ブルシット・ジョブに従事する人間は疎外されていると言ってもいいかもしれない。やりがいのある、何か意義のある仕事をしていることが妬みや反感の原因になっているのである（デヴィッド・グレーバー『ブルシット・ジョブ――クソどうでもいい仕事の理論』酒井隆史ほか訳、岩波書店、２０２０年、３２１頁）。

嫉妬の経済学

さて、嫉妬心が最も露骨に現れるのは、お金が絡むときであることは間違いない。同期の給料が自分より多いのか少ないのか、それに一喜一憂するのが私たちの日常である。金銭の多寡は、比較を容易にすることから、嫉妬の温床になりやすい。

ところで、嫉妬論の大家であるヘルムート・シェックによれば、嫉妬は制度と相性のよい感情であるという。実際、人間社会には、嫉妬から生まれたと考えられる様々な制度が存在している。その典型例としてよく挙げられるのが累進課税や相続税である。これらの制度は公正な負担という理念にもとづくものだが、同時に、人々の嫉妬心からその正当性を調達していることも否定できない。金持ちはたくさん払って当然だというわけであり、富者のほうもそれを大っぴらに拒むことができない。ちなみに、効率のよい徴税のために、人々の嫉妬心をうまく利用することを説いたのはジェレミー・ベンサムであったらしい。嫉妬感情は収税吏の役割を果たし、金のかからない番犬になって、隣人が収入を少なく申告している可能性をタレ込むのだ（Schoeck, *Envy*, p. 385）。

限られた財や資源をどのように配分するか。これは古くからある分配的正義の問題である。同様に、私たちのあいだで負担をどのように分担するかという問題、すなわち租税もまた、すぐれて正義にかかわる問題に違いない。

税金と言えば私たちの感情とは無縁なもので、ドライで中立的に見えるかもしれない。だが、ここには「嫉妬の経済学」と呼ぶに相応しい問題が潜んでいる。つまり、税金の取り方に、嫉妬感情が深く絡みついている可能性があるわけだ。ここで少し税と嫉妬の関係について考えておきたい。

まず、税について、どのような分担が公平なのだろう。じつは、これがなかなか難しい問題なのである。そもそも「公平さ」という概念について、税の分野では大きく二つの観念が存在しているようだ。それらは「垂直的公平」と「水平的公平」と呼ばれる考え方である。まず「垂直的公平」は、「所得（あるいは消費その他の課税ベース）の異なったレヴェルに応じて人々を税制上、取り扱うことが公正さの要請だ」（L・マーフィー／T・ネーゲル『税と正義』伊藤恭彦訳、名古屋大学出版会、2006年、12‐13頁）という考え方のことである。つまり、所得が多い人にはより多くの負担を、少ない人にはより少ない負担を求めるのが公正さにかなっているという発想である。

他方で、「水平的公平」とは「同じレヴェルでは同じように人々を取り扱うことが公正さの要請だという」（13頁）考え方である。こちらは所得が同じ人には同じ負担を求めるべきだという発想のことであり、垂直的公平よりも飲み込みやすい。

所得が異なる人のあいだで、どのように負担を分配するのが正義にかなっているのか。確かに、最もシンプルなのは人頭税のような仕組みである。これは能力のある人にもない人にも、所得の多い人にも少ない人にも一律に同じ負担を課すものである。しかしその逆進性は明らかであるため、人頭税は「垂直的公平」とは相容れない税制であるとしてすこぶる評判が悪い。有名なところでは、かつてイギリスのサッチャーがこれを導入し、国民の大きな反発を招いたことで、辞任に追い込まれた。

累進課税は嫉妬の産物か

むしろ、より受け入れられやすいのは、所得が多い人は少ない人よりも多く税金を納めるべきであるといった累進課税のような考え方であろう。払える人が多くを払う、それが当然だろうと多くの社会で合意されている。

嫉妬についての研究を進めていると、累進課税（あるいは相続税）による公平さの追求を、貧者の嫉妬心に関連づけて捉える見方にしばしば遭遇する。たとえばそれは、経済思想家のフリードリヒ・ハイエクのものである。ハイエクは、累進課税がじつのところ一般大衆に重い負担を強いる税制であり、さらにはそれが羨望（嫉妬）に突き動かされたものであるとして、次のように言っている。

累進課税の方法によって負担を実質的に富裕な人びとの肩に移すことができるという幻想が、これまでなされてきたように急速に課税を高めてきた主たる理由であって、この幻想の影響のもとで一般大衆はその影響のなかった場合よりも、はるかに重い負担を受けいれるようになったのであると。この政策の唯一主要な結果は最大の成功者が稼ぎうるはずの所得にきびしい制限を加え、そして、それにより比較的に豊かでない人の羨望を満たすことであった。（フリードリヒ・A・ハイエク「課税と再分配」『ハイエク全集Ⅰ-7　自由の条件〔Ⅲ〕』気賀健三・古賀勝次郎訳、春秋社、2007年、80頁）

ハイエクは社会主義のような集産主義が自由への抑圧にほかならないとし、新自由主義イデオロギーが広く浸透するにあたり大きな影響力を持ったことで知られる。そんなハイエクからすると、累進課税とは貧しい人々が成功者の足を引っ張り、自らの嫉妬心を慰める、そうした卑しい税制なのである。しかも、累進においては、多数者は少数者に対し、限度のない負担を求めることが可能になると彼は言う。だがこれは、「民主主義の正当の根拠となる原則の侵害」（84頁）であり、多数者の専制になるとされる。

ちなみに、累進税に代えて、ハイエクが擁護するのは比例税である。それによると、比例税は富める者にも貧しい者にも均一の税率を課す点で、累進よりはるかに理にかなっている。つまり、比例税においては「人びとが相異なる額を支払いながら、そのことに同意しやすい均一の原則を提供する」（86頁）のだ。こうした原則さえあれば、嫉妬に駆られた貧しい多数派が富める少数派の足を引っ張って無茶な税率を課したりはしなくなるだろう、ハイエクはそう考えているようだ。

実際に累進課税が嫉妬の産物であるかどうかはさしあたり問わない。ただし、第四章でも言及するように、正義と公正さを批判するために大衆の嫉妬を持ち出すそのやり口は、保守的なイデオローグによく見られるレトリックであることは注意しておいてよいだろう。

本章では、嫉妬とは何かについて概観してきた。その最大の特徴はやはり、比較があるところに嫉妬がある、ということだろう。そして大衆の嫉妬は何よりも警戒され、同時に蔑まれてきた。次章ではこのドロドロした感情が、思想史のなかでどのように語られてきたのか、その暗澹たる系譜を描き出すことにしよう。

＊1　ただし経済学のなかでも、行動経済学のような学問は、アクターの非合理な側面を斟酌したモデル化を試みている点で例外と言えるだろう。

＊2　両者の区別については、Aaron Ben-Ze'ev, "Envy and Jealousy" (*Canadian Journal of Philosophy*, Vol. 20, No. 4, 1990) を重要文献として挙げておこう。

第二章

嫉妬の思想史

妬みは休日を取らない
（『ベーコン随想集』）

第一章で私たちは、嫉妬の特徴についておおまかに概観した。プロローグで述べたように、嫉妬という感情が人文学や社会科学の領域で主題化されることはそれほど多くない。とはいえ、嫉妬についての思想的、哲学的な考察がまったくなかったわけではない。それはまとまって考察されるというよりも、何か折に触れて言及されることが多い。もとよりすべてを参照するのは紙幅の関係からして、あるいは議論の必要性から見ても無理がある（率直に言って、同型の議論が反復されている感じは否めない）。ここではこの情念について考察するために、いくつか特徴的な洞察をかき集めることによって、嫉妬論の系譜のようなものを描き出すことにしよう。*1

嫉妬感情の捉え方について

最初に確認しておくべきことがある。それは、たとえ同じ「嫉妬」という言葉が確認されたとしても、時代も地域も異なるところで描写された感情をひとまとめにしてよいのだろうか、ということだ。語源的に同じ言葉を使っていても、あるいは同じようなシチュエーションであったとしても、異なった時代や文化にある人々が同じ感情を抱いている保証はない。

具体的に言えば、アリストテレスが語る嫉妬と福澤諭吉の語る怨望、そして私たちが日々感じる他人を妬ましく思う気持ちを同列にならべることはどれくらい正当だろうか。
　この問題を考えるために参考にしたいのが、近年の「感情史」の研究である。感情史とは「過去において感じられ、表現された感情を扱い、また、何が変化し、何が過去と現在を結びつけているのかに注目するもの」（バーバラ・H・ローゼンワイン／リッカルド・クリスティアーニ『感情史とは何か』伊東剛史ほか訳、岩波書店、2021年、3頁）であるとされ、いわば感情という目に見えない対象を歴史的なコンテクストのなかで捉え直そうとする試みと言える。ヤン・プランパーは、感情という掴みどころのないものの歴史を記述するにあたり、先の私たちと同様の問題に直面している。

　非常に多様な領域、時代、文化から生じた非常に多様な言葉を、「感情」として扱うのを許容するのに十分な意味上の一体性は存在するのだろうか。（ヤン・プランパー『感情史の始まり』森田直子監訳、みすず書房、2020年、15頁）

異なった地域、異なった時代で現れる感情を一緒くたにしてしまってよいものか。目に見えないものに特有の、こうした厄介な問題を解決するため、プランパーは「感情」を「メタ概念」として用いることを提起している。つまり、時代や地域によってばらばらの「感情」が存在すると考える（これを唯名論的なアプローチという）のではなく、個々の時代や地域性を貫く共通性を感情に認め、それら特殊な状況を超えた「感情」の概念一般が存在すると考えるのだ（これは実在論的なアプローチである）。プランパーは「メタ概念なき学問（唯名論的な学問）は、まったく無原則な営みへと逆戻りすることになるだろう」（15頁）と言っている。もちろんこれとて、その言葉が使用されるそれぞれの歴史的なコンテクストを無視するわけではない。そうした歴史化の作業と、時代や地域を超えた次元を捉えようとすることは両立する営みであり、時代と場所を超えた「感情史」を語ることにも何かしら重要な意味があるに違いない。

嫉妬の思想史について扱う私たちも、このプランパーの提案にしたがうことにしたい。確かに、個々の思想家が語るすべての嫉妬感情がまったく同じものであるとは思わないが、そのあいだに共通する要素が何もないとしてしまうのも現実的でない。本書では「嫉妬」をある種のメタ概念と捉え、それぞれの議論には緩やかなつながりがあると考えることにしよう。これにより、十全とは言わないまでも、この感情について様々な角度から検討を進め、その特徴にアプローチできるように思う。

快楽と苦痛の混合――プラトン

嫉妬に相当する感情は、すでに古代ギリシャではよく知られていた。まったく一致するわけではないにせよ、古代ギリシャ語で嫉妬に相当する感情として挙げられるのは *phthonos* である。

この言葉は、たとえばプラトンの『ティマイオス』、『メネクセノス』、『パイドロス』といった著作に現れる。しかしサラ・プロタシが指摘するように、これらの著作のなかで、嫉妬は総じて哲学的な真理や愛を阻害するものと捉えられており、プラトンにおいて、この感情について何か特徴的な見解があるというわけではなさそうだ。

プラトンに特有の嫉妬論を求めるとすれば、たとえば『ピレボス』という著作を挙げることができる。この著作は後期対話篇の一つとして知られ、快楽の本質がテーマになっている。この著作のなかで、プラトンはソクラテスに嫉妬の両義性について語らせている。

するとぼくたちが親しい人たちの滑稽な様子を見て可笑しがるとき、言論が言うにはだね、ぼくたちはまた快楽を妬みに混ぜているのであり、苦痛に快楽を混合しているのだ。なぜなら、妬みが魂の苦痛であることはぼくたちによってとっくに同意されているし、他方、笑うことは快楽であって、そういう時にはそれら両者が一緒に生じているのだからねえ。（プラトン『ピレボス』山田道夫訳、京都大学学術出版会、２００５年、１１６頁）

つまり、妬みは確かに魂の苦痛ではあるものの、他方で、隣人が害悪を被れば、妬みは快楽をもたらすこともある。これは、第一章で私たちがシャーデンフロイデと呼んだものであり、そのかぎりで嫉妬とは「快楽と苦痛の奇妙な混合」（１１３頁）であるという。だが、苦痛の混じった快楽（ここではシャーデンフロイデのこと）は、当然のことながら「真実の快楽」とは捉えられていない。

ただし、第一章での議論を踏まえると、嫉妬とシャーデンフロイデを同じものとして扱ってよいかは論争的である。確かに、妬みがシャーデンフロイデの原因になることは間違いないが、両者はあくまで区別可能である（すべての嫉妬にシャーデンフロイデが伴うわけではない）。総じてプラトンの嫉妬論は新規性のあるものというよりは、むしろ「嫉妬についての哲学的議論において重要な潮流を代表するもの」（Protasi, *The Philosophy of Envy*, p. 168）くらいに考えておいたほうがよさそうだ。

嫉妬者の戦略分析——イソクラテス

そのほか、古代ギリシャの賢人で嫉妬を論じた人物としてイソクラテスの名前を挙げておこう。イソクラテスは、アテナイ出身の修辞学者かつ雄弁家であり、ゴルギアスやソクラテスを師に仰いだと言われている。

イソクラテスの生涯や仕事を網羅的に紹介した廣川洋一によると、イソクラテスはプラトンとならんで、ギリシャ的教養の理念の一翼を担っている。プラトン的教養が厳密な学知を基礎づける「数学的教養」であったのに対し、イソクラテスのそれはいわば「文学的・修辞的教養」であった。つまり、「言葉を練磨し育成することこそ人間が最も人間らしくなる方途である、イソクラテスがアテナイ人に勧めるのは、このような、言論を人間形成の中核とする教養理念」（廣川洋一『イソクラテスの修辞学校』講談社学術文庫、2005年、15頁）なのである。こうしたレトリックにもとづいた教養がローマや中世ヨーロッパに与えた影響は、日本の私たちが想像するよりもはるかに大きい。

さて、そんなイソクラテスであるが、彼は裕福な家庭に生まれたことにくわえ、その知恵や雄弁さ、そして多くの弟子を抱えたことから、しばしば嫉妬の犠牲になったらしい。たとえばあるところでは以下のように述べられている。

ある者は私が心血を注いでいる事柄を知悉していながら、嫉妬にまどわされて先のソフィストたちと寸分違わぬ感情にそまり、人びとが私について誤った意見を抱くのを見て快を覚えるのである。（イソクラテス『弁論集２』小池澄夫訳、京都大学学術出版会、２００２年、１７０頁）

そのようなわけであるから、イソクラテスは人々の嫉妬感情に大きな関心を持たざるをえない。そのため彼は嫉妬について分析し、それを焚きつけたり解消するための様々な戦略について語っている。

雄弁家でもあったイソクラテスが関心を向けたのは、嫉妬者が用いるレトリックや戦術であった。それによると、嫉妬者はなにかと理由をつけて称賛を惜しんだり、あるいは別のものをあえて褒め称えたりする。なぜなら、連中は「実践的言論を中傷すれば、自分たちの営為の名誉が増すと夢想している」（237頁）からだ。実際、イソクラテス自身も、民衆の嫉妬を避けるために様々なレトリック（たとえば自己の賛辞を抑えたり、財産を少なく見せたりすること）を駆使していたようだ（Suzanne Said, "Envy and Emulation in Isocrates", in David Konstan and Keith Rutter eds., *Envy, Spite and Jealousy: The Rivalrous Emotions in Ancient Greece*, Edinburgh University Press, 2003）。

イソクラテスは、エリートに向けられた大衆の嫉妬感情に否定的である。彼にとって、大衆が見せる「平等主義的な嫉妬（egalitarian envy）」は、優れたものを破滅させようとする悪しきものでしかない。大衆がエリートに向ける不満は筋違いもいいところなのだ。こうしたイソクラテスのエリート主義的な態度から、『嫉妬の政治』についての彼の用心深い批判は、現代の右派の政治家にとって一つのモデルになるかもしれない」（p. 233）と評価する者もいる。ただし、イソクラテスのテクストには、富を分け与えようとしないエリートに批判的な言及も見られることから、この点にかんするイソクラテスの評価は単純ではなさそうだ。

嫉妬と憎しみ——プルタルコス

今度はギリシャからローマに目を転じてみよう。プルタルコスは帝政ローマ時代のギリシャ人歴史家であり、『英雄伝』で広く知られる人物である。人間の生き方にかかわる問題を論じた彼の『モラリア』には、「妬みと憎しみについて」や「妬まれずに自分をほめることについて」といった作品が収められている。

本章では「妬みと憎しみについて」を見ておこう。ここでプルタルコスは妬みと憎しみには似通っている点があることを認めつつ、そのうえで両者を区別しようとする。第一に、憎しみはその対象である人物が悪い人間であることを必要とするが、妬みはただ幸福を目にするだけで生じる。また、憎しみには限度があるが、妬みには限りがない点も重要である。

第二に、憎しみは理性を持たない動物に対しても生じるが、妬みが生じるのは人間に対してだけである。確かに、ある動物を憎むように嫌っている人は想像できるものの、他方で昼間から気持ちよさそうに居眠りしている猫を見て羨ましく思うことはあっても、それを妬みとは呼ばないだろう。

第三に、憎しみの多くは正当なものであるのに対し、妬みが正当に生じることはない。憎むべき相手に嫌悪感を持たない者がいれば、私たちは「あんなやつの味方をするのか」と、その人を非難することすらあるほどだ（これはＳＮＳ時代には顕著な傾向である）。それに対し、人は誰かを妬んでいると公言しないが、それはやはり妬みにはいかなる正当な理由もなく、どこか後ろめたいからだろう。

さらにプルタルコスによれば、嫉妬の対象であるところの人物が極端に幸福になるか不幸になるかすれば、ふつう嫉妬心は小さくなるのに対し、憎しみは消失しない。「憎しみは、幸運な人に対しても不運な人に対しても、その本性上、消えることはないが、妬みは、いずれの場合に対しても、その過剰な状態に直面すると衰えるのである」（プルタルコス『モラリア７』田中龍山訳、京都大学学術出版会、２００８年、58頁）。これは嫉妬の比較可能性にかかわるポイントだろう。妬みの相手が比較できないほど成功するか落ちぶれるかすれば、もはやその人物は嫉妬の候補者リストから外れてしまうのだ。

あるいは逆に、憎しみが弱まるような状況（プルタルコスの例では、もはや不正な目にあわないと確信するか、相手を善人と考えるようになるか、あるいは彼らからいい目にあうか）であっても、嫉妬が消えることはないし、むしろ強まることすらある。妬みの対象である相手から何かしてもらったところで、嫉妬心はますます増幅するに違いない。以上のことから、プルタルコスは妬みと憎しみを区別することができると考えているようだ。
ところで、この短い論考の最後に、プルタルコスは嫉妬者の願望についてとても興味深いことを言っている。すなわち、嫉妬者は相手の失点や失敗を望むものだが、実際にはどの程度、相手の不幸を望んでいるだろうか。

妬んでいる人は、彼らの名声や輝かしさをできるなら頓挫させようとする。けれども、彼らに癒しがたい災いをもたらそうとするつもりはなく、名声や輝かしさを貶めて、ちょうど家屋が上から覆うように自分たちにかかる影を取り払うことで十分なのである。（60頁）

ここでは嫉妬者が相手のほどほどの挫折で満足すると言われているが、これは少し論争的なところである。嫉妬者は相手がとことん破滅することを望んでいるのか、あるいは自分より優れたところだけを取り払いさえすれば満足するのか。嫉妬の炎に駆られているとき、嫉妬者はきっと前者のような思いであるだろう。しかし、相手が自分のところまで引き下げられた頃には、その炎はすっかり小さくなり、もはや相手の破滅までは望まなくなる、というのが実際のところではないだろうか。

嫉妬と愛——トマス・アクィナス

第一章で取り上げたアリストテレスの嫉妬論を思い出しておこう。そこでは、嫉妬は類似した者同士の比較から生じることが強調されていた。こうしたアリストテレスの考えを色濃く反映させているのが、中世の神学者トマス・アクィナスである。彼の神学は一般に、アリストテレス主義とキリスト教の見解を綜合したものとして位置付けられ、その立場はしばしば「中道的アリストテレス主義」とも呼ばれる。アリストテレス哲学を刷新するとともに、キリスト教神学を再構築しようとした、中世で最も有名な神学者である。

トマスは『神学大全』の第二‐二部第三十六問題のなかで、嫉妬（*invidia*）を「他者の善についての気鬱」であると言っている。さらにアリストテレスに倣い、嫉妬の原因に「類似」があることを認めている。すなわち、人は自分と相似した相手に嫉妬するのであって、自分とかけ離れた相手に嫉妬することはない。それは「平民が王を妬んだり、はるかに自分の方が勝っている王が平民を妬んだりするようなことがないごとくである」（トマス・アクィナス『神学大全ⅩⅦ』大鹿一正ほか訳、創文社、１９９７年、37頁)。

トマスの議論で興味深いのは、嫉妬と愛を対比的に論じていることである（この点において、このあとで取り上げるカントやスピノザと近いところがある)。すなわち、嫉妬が隣人の善についての苦痛であるのに対し、愛は同じ善についての喜びなのである。だとすれば、嫉妬はそれ自体としては大罪であるほかない。

ただし、嫉妬といえどもそれがほんの少し心に芽生えただけで、理性に承認されておらず、具体的な行為にまで及んでいない場合であれば、それはいまだ小罪であるともトマスは言っている。彼の例をそのまま使うとすると、アウグスティヌスが観察したような幼児の嫉妬は、理性の承認を経ていないため大罪ではないということになる。

細かなニュアンスはあるものの、総じてトマスは嫉妬をネガティブなものと捉えている。その意味で、トマスの考察は彼以前の哲学者や神学者の伝統につらなるものであると言えそうだが、彼の議論がキリスト教社会に持った影響力に鑑みると、その意義は相当大きいものだろう。

嫉妬の効用？——フランシス・ベーコン

一般に近代と呼ばれる時代に入るにつれ、嫉妬感情はさらに幅広い関心の対象になる。その関心は古代‐中世的な道徳的、宗教的な話題を抜け出し、広く社会とのかかわりのなかで論じられるようになる。

この文脈で最初に取り上げておくべきはフランシス・ベーコンである。その嫉妬論は17、18世紀において一つの範例とされ、大きな影響力を持った（Protasi, *The Philosophy of Envy*, p. 189）。ベーコンは嫉妬に関していくつもの興味深い言説を残しており、たとえば「嫉妬はさまよい歩く情念であって、街路をうろついて家にじっとしていない」（『ベーコン随想集』渡辺義雄訳、岩波文庫、１９８３年、45頁）であるとか、あるいは「妬みは最も執拗な長つづきする感情である」（50頁）といった表現から、この感情にかんするユニークな洞察がうかがえる。

また「妬みはつねに自分自身を〔他人と〕比較することと関係がある。比較のない所には、妬みもない」と、先のアリストテレスと同様の見解も示されている。この感情は、たとえ自分の待遇が改善されたとしても容易に消えるものではない。それは生まれながらの特権階級であっても例外ではない。「国王は国王によってのみ妬まれる」(47頁)のである。

ベーコンは嫉妬者の類型について語っている。それによると、嫉妬しやすい人の具体例には「自分に何の徳性もない人」「お節介で詮索好きな人」「自分自身の状態をどうしても改善できない人」「災難や不幸の後で出世する人」「軽薄と虚栄から余りに多くの事柄において抜きんでようとする人」「近親者、同僚、および一緒に育てられた人々」などが挙げられている。にわかに理解しがたい類型も含まれているが、総じて私たちの現代の常識とそこまでかけ離れてはいない。

それでは反対に、妬みを招きやすい人とはどのような人物だろう。ベーコンによれば、「徳性のすぐれた人」「高貴な生まれの人」「次第に昇進する人」「大きな苦労と引き換えに名誉を得た人」などは、じつはそれほど妬みを受けないという。人は彼らの幸運や成功をもっともであると納得し、その事実を受け入れやすいからである。

それに対し、最も妬みを受けやすいのは「自分の幸運のすばらしさを尊大にかまえて誇らしげに見せつける人々」である。ベーコンはこう述べている。


妬みを最も受けやすいのは、自分の幸運のすばらしさを尊大にかまえて誇らしげに見せつける人々である。彼らは自分がどんなに偉いかを、外観の豪華ぶりか、反対だの競争だのをすべて打ち負かすことか、そのいずれかによって示す時でなければ、決して満足しない。ところが、賢明な人々はむしろ、自分に余り関係のないことでは、しばしばわざと妨げられて圧倒されるままになって、妬みに犠牲《いけにえ》を供えようとする。けれども、幸運のすばらしさを平然とあけすけに見せびらかすことは（高慢や虚栄を伴わない限り）、もっと陰険に悪賢く見せびらかす場合より妬みを招かない、ということだけは真実である。（48頁）

自分の幸運を見せびらかす人が妬みを招きやすいのは間違いない（誇示することについては第三章で取り上げる）。ただし興味深いことに、あけすけに幸運を見せつけるよりも、そっと陰険に匂わせるほうが嫉妬を買いやすいともベーコンは言っている。スーパーリッチのドナルド・トランプが白人の労働者階級から支持を集め、ヒラリー・クリントンが嫌われたのは、こういうところに理由があるのかもしれない。

さて、ベーコンによれば、「妬みの治療には魔力の治療しかない」（49頁）。つまり、嫉妬者の呪いをとりのぞくには、それをほかの誰かに感染させるしかないというのだ。嫉妬をそれ自体で鎮めることはきわめて難しく、その行き先がどうしても必要になる。そのため賢明な人々は、自分に降りかかる妬みを転嫁する誰かをつねに傍らに登場させ、自分に向けられそうな妬みをそっと隣へと受け流すのである。

一般に、嫉妬はたえず警戒され、忌避されてきた。それは人類の不幸の始まり、社会の災厄の源泉であるといわんばかりである。確かにベーコンもまた、嫉妬を「最もいやらしい感情であり、最も愚劣な感情である。（……）妬みは悪賢く、しかも闇の中で立ち廻り、小麦のような有益なものに害を与える」（51頁）と、かなり辛口な評価をしている。

しかし驚くべきは、彼の議論を読み進めると、ささやかながら「嫉妬の公的な使用」とでも呼びたくなるような効用が指摘されていることである。ベーコンは嫉妬を「公的な嫉妬」と「私的な嫉妬」に分け、こう述べている。

私的な妬みには何も取柄がないのに、公的な妬みには何かしらためになることがある。公的な妬みは人々が偉くなりすぎると、彼らの名声を失墜させる陶片追放のようなものだからである。したがって、それは偉い人々にとって、彼らを拘束する手綱でもある。（49頁）

私的な嫉妬はロクなものではないが、公的な嫉妬には見るべきものがあるとベーコンは言う。公的な妬みは国家の病気であり、それは、高級官僚や大臣のような偉ぶった人物を失墜させるのに役に立つ。それは伝染病のように蔓延り、そのまなざしがひとたびエリートに向けられると、たとえ彼らがよき行いをしていたとしても、「それを悪臭を放つものに変えてしまう」（50頁）のである。

このような公的な嫉妬が「何かしらためになる」とされているのは、それが結果として過度の不平等を抑止するからだろう。その意味で、ここで古代アテナイにおいて僭主の登場を防止する民主的制度であった陶片追放が引き合いに出されているのは興味深い。陶片追放が民衆の妬みのはけ口として機能したように、嫉妬もまた人民が権力者を引きずり下ろす力になることがあるのだ（陶片追放については第五章でふたたび取り上げる）。嫉妬感情にポジティブな役割を読み込もうとするこうした議論は、嫉妬の思想史においてやはり例外的なものである。[*2]

嫉妬・背恩・シャーデンフロイデ――イマニュエル・カント

ドイツを代表する哲学者であるイマニュエル・カントは、「人間愛とは正反対の人間憎悪の悪徳」として、嫉妬、背恩、シャーデンフロイデを挙げ、それらを「嫌悪すべき一群」として一つのグループにまとめている。これらはいずれも公然と示されるものではなく、密かなもの、卑劣なものであるという点で共通の特徴を持つ。

第一章でも紹介したように、カントは嫉妬を「他人の幸福が自分の幸福を少しも損なうわけではないのに、他人の幸福をみるのに苦痛を伴うという性癖」と定義していた。隣人の成功は私の状況とはさしあたり関係ないものであったとしても、私の幸福を曇らせ、私の不遇を際立たせる。さらに「嫉妬の活動は、人間の本性に属していて、それがいったん爆発すると、少なくとも願望としては他人の幸福を破壊せんとする、自己自身をさいなむ陰険な欲情といった忌まわしき悪徳となる」（『カント全集11　人倫の形而上学』３４５頁）。そのため、この悪徳は人間の他人への義務（カントにとって、これはとりわけ愛の義務である）にも、自分自身への義務にも反したものであると、カントは評価する。

カントはつづいて「背恩」、すなわち他人の親切を裏切ることについて議論しているので、これにしばし立ち寄っておきたい。カントによれば、背恩や忘恩は「世間一般の判断では、最高に嫌うべき悪徳」であるという。こうした悪徳が生じるのは、自分に対する義務を誤解しているからである。どのような誤解だろうか。それは、他人に親切にされると、その人に負い目を感じ、その人よりも一段低い立場に置かれるように感じるために、他人の親切を避け、生の重荷に自分一人で耐えようとする、そのような誤解のことである。

そのような人は、他人の助力を恥と感じてしまい、他人にうまく頼ることができない。差し伸べられた手をこちらから振り払ってしまう。たとえば、最低限の生活を保障するはずの行政サービスをあえて利用しないという人はいまなお珍しくないだろう。実際のところこれには様々な事情があるだろうが、もしそれによって他人より劣位に置かれるとか、自尊心が傷つけられると考えるなら、それは誤解であるとカントは言っているわけだ。

こうした誤解が生じてしまうと、他人から親切を受けても感謝の念を示すことができず、結果的に人間性が傷つけられてしまう。というのも、これにより、将来的な親切が期待できなくなり、「人間愛が逆立ちして、愛の欠如が、愛するひとを憎むという権能にまで貶められるためである」（３４６頁）。このように、背恩や忘恩は愛の否定に通じていることから、嫌悪すべきものとされる。

最後に、嫉妬と背恩にならんで「人間愛とは正反対の人間憎悪の悪徳」と数えられているのがシャーデンフロイデである。第一章でも議論したように、これは「他人の不幸を喜ぶ気持ち」のことであるが、カントはこれを「同情」と正反対のものとしている。カントは、人がシャーデンフロイデを感じてしまうのもどこか自然なことであると認めながらも、しかし「世界全般の福祉を破壊するこのような非道なものの存在を直接に自分の喜びとし、したがってそのような出来事を実際に望むことは、隠れたる人間憎悪であり、われわれの義務としての隣人愛に正反対なことである」（347頁）と、これを厳しく評価する。

嫉妬、背恩、シャーデンフロイデ。カントにとってこれらはいずれも人間愛に反するものであって、社会においては抑制されるべき悪徳なのである。

ちなみに、同じような見解として、ここではスピノザの洞察についても触れておこう。彼は『エチカ』においてこう言っている。

> 嫉妬とは人間をして他人の不幸を喜びまた反対に他人の幸福を悲しむやうにさせるものと見られる限りに於ての憎みそのものに他ならない。（スピノザ『エチカ　倫理学（上）』畠中尚志訳、岩波文庫、1951年、196頁）

スピノザはここで、嫉妬を憎しみの一種と考え、これを「同情」と対立させている。それによると、同情は「他人の幸福を喜び又反対に他人の不幸を悲しむやうに人間を動かす限りに於ての愛である」(248頁)。したがって、カントと同様、スピノザにとって嫉妬とは広く愛と対立するものとして捉えられていることが分かる。

教養人の嫉妬——バーナード・マンデヴィル

オランダ出身の精神科医であり、思想家でもあったバーナード・デ・マンデヴィルは、合理主義や理性主義が優勢であった時代に、人間を理性よりも情念に突き動かされる存在として描き出したことで知られる。「各個人の悪徳こそ、巧みな管理によって、全体の壮麗さと世俗的な幸福に役立つ」(バーナード・マンデヴィル『蜂の寓話——私悪すなわち公益』泉谷治訳、法政大学出版局、2015年、5頁)とも言われるように、私益を追求する人間が、結果的に社会全体の利益(公益)をもたらすという逆説を唱えたことでも有名な人物である。つまり、社会を回しているのは理性や美徳といったものではなく、むしろ(自負や欺瞞、あるいは奢侈《しやし》といった）悪徳のほうであり、皆が自らの利益のためにせっせと働いていることが、結果的に社会全体にとって利益を生み出すというわけだ。こうした考えは、当時主流であった考え方と衝突するものであり、マンデヴィルの主張は激しい論争を巻き起こすことになる。

性悪説的な人間観にもとづくマンデヴィルは、嫉妬についてどのように考えただろうか。まず、代表作『蜂の寓話』では、「羨望とは、他人が幸福だと考えられるばあい、われわれにそれを嘆き悲しませる人間本性の卑劣な属性である」（124頁）と定義されている。これ自体それほどユニークな主張というわけではないものの、人間本性をとことん意地悪く描いている点はいかにもマンデヴィルらしいところだ。

マンデヴィルがユニークなのはむしろ、羨望を嘆きと怒りの複合物と捉えたことだろう。それによると、そもそも人間は自分だけが可愛く、隣人を悪く思う生き物である。そのため、自分の欲するものを隣人が持っているとき、私たちはそのことを嘆き、悲しむ。そして、この嘆きを癒やしてくれるのはその隣人への怒りしかない。自身の悲しみを和らげるためにこそ、「われわれは怒りをはぐくみ、いつくしむ」のである。したがって羨望は、嘆きとそれを緩和する怒りの両方から構成されるという。

マンデヴィルによれば、無作法な大衆はこの情念に支配されるがままになりやすく、嫉妬に駆られた大衆はその対象のもとへまっすぐ行ってそれを打ちのめすだろう。しかしだからと言って、教養のある人であればこうした情念と無縁であるかというと、もちろんそんなことはない。その発露はいっそう陰険なものであり、マンデヴィルの次のような描写はきわめて秀逸なものだ。

人の才能や学識をうらやむばあい、彼らのおもな配慮は自分の弱点をひたすら隠すことであって、それは一般に相手のねたましい美点を拒み見くびることによって試みられる。彼らは相手の著作を注意深く読み、みごとな節に出くわすごとに不快を覚える。ただその誤りだけをあさり、しかも大間違いを見つけるにまさる喜びを欲しない。非難のばあい、痛烈であるとともにあげ足取りで、些細なことを大げさにいい、ほんのわずかばかりの欠点でも許そうとはせず、このうえなく取るに足らない手抜かりをも大失策だと誇張するのである。（126頁）

いつの時代にも、こうしたイチャモンは存在する。それは教養人や知識人と呼ばれる人々であっても例外ではない。というより、えてしてそういう人物のほうがいっそう激しい嫉妬感情に苦しむものだろう。おそらくマンデヴィルもまた、彼自身が置かれていた状況や論敵を想定しながらこの一節を書きつけたに違いない。

　ところで、嫉妬感情は人間にとってマイナスであるばかりではない。「羨望が画家のあいだでとてもふつうのものであるように、その進歩にも大いに役立つ」。私たちは、自分より優れた知識や技術を持つ者を最初は崇拝したり感嘆するであろう。しかし自分の技術が向上するにしたがい、今度は相手に嫉妬するようになる。そしてその嫉妬が自分自身をいっそう前進させる燃料にもなるのである（これは第一章で「良性嫉妬」と呼んだものである）（127-128頁）。そして嫉妬者が嫉妬の対象と同等になったとき、その悪感情は静まり、相手が丁寧に接してくれると途端に仲良くなる。「思っていたよりいいやつだった」というわけだ。

　こうした情念を遠ざけるには「自分の真価を確信している」（129頁）ことが重要である。「真に良識のある人間がなぜほかの者ほどねたまないかという理由は、馬鹿者や愚か者よりもためらわずに自分を賛美しているからである」（129頁）。だとすると、自分の価値を確信することのできない人間、いわば自信を持てない人間は、どれだけ成功しても、あるいは相手よりも優位な立場に立ったとしても、たえず嫉妬感情に振り回され続けるということになるのだろう。

劣位者への嫉妬——デイヴィッド・ヒューム

あらためて言うまでもないことだが、嫉妬は通常、自分が持っていない財や地位を持つ優位な者に向けられる。しかし、この感情が面白いのは、嫉妬者は自分より劣位の者を妬むことがあるということだ。第一章ではこれを「下方嫉妬」として紹介した。劣位の者への嫉妬はなぜ起こるのか。この現象は思想史のなかでどう説明されてきただろうか。

この点を鋭く見抜いていたのが、イギリスの哲学者デイヴィッド・ヒュームであった。まず、ヒュームは「妬みの起源」についてこう言っている。

> 他人の享受しているものが、われわれ自身の享受しているものの観念を比較によって減じてしまうので、妬みは他人が現在享受しているものによってかき立てられる。（デイヴィッド・ヒューム『人間本性論 第2巻 情念について』石川徹ほか訳、法政大学出版局、2011年、119頁）

ここでヒュームもまた「比較」を強調している。長く愛用している車で満足していたのに、隣人の新車と比較すると、途端に自分のそれをみすぼらしく感じてしまう、そうした状況である。よりよい対象との比較によって、嫉妬者は自分の影が薄くなったように思う。これが「妬みの起源」である。

ヒュームは劣位者への嫉妬にも、これと似たような図式を当てはめている。そもそも自分より劣った者に嫉妬するのはなぜなのか。それによると、まず一般に、劣っている者との比較は優位者に快楽や安心感を与える。人は他人との比較によってのみ、自分の優位な状況を確認することができる。しかしこの差が縮んでしまうと、比較による快楽や安心感は減少し、薄まってしまう。嫉妬者はこれが気に入らないのだ。ヒュームはこう語っている。

この妬みにおいては、われわれは比較の効果が二回繰り返されているのを見ることができる。自分自身を劣った者と比較する人は、この比較から快を受ける。そして、この劣っている者が上昇してくることによって優劣の差が減少すると、快の減少にすぎなかったはずのものが、それ以前の状態と新たに比較されることで、本当の苦となるのである。

（120頁）

つまり優位者は、最初、劣位者との比較から快楽を受け取るが、しかし劣位者の相対的な上昇は優位者の快楽を減じてしまうため、これを不快に感じるのである。だとすると厳密には、優位者の比較の対象は劣位者というよりも、より大きな快楽を享受していたかつての自分自身ということになるだろう。過去の自分との比較が、嫉妬者の不安や不快感を増幅するのである。[*3]

人間嫉妬起原論――ジャン＝ジャック・ルソー

そもそも、私たちはどうして自分を他人と比較してしまうのだろうか。他人と比較することさえやめられれば、嫉妬の問題は解決しそうなものだ。私は自分の価値観でもって自分らしい人生を生きることができ、他人と比較していちいち落ち込むこともなくなるだろう。

実のところ、嫉妬について論じた本では、そのような生き方を奨めるものも少なくない。あなたは唯一無二の存在なのだから、いちいち他人のことなど気にせずに、あなたらしく好きなように生きればよい、といった具合である。それはそうなのだろう。しかし、そうもいかないのが世の常、人の性というものだ。

誰でも知っているように、他人と比較することなく生きていくことはそれほど容易なことではない。自分の外見や身体能力、そして学業成績など、他人との比較のなかで人は自分の立ち位置を確かめるしかない。とりわけ近年では、目標達成率やランキング、あるいはソーシャルメディアの閲覧数やフォロワー数など、あらゆることが数値化されており、競争心を煽るようにシステムがデザインされてしまっている。現代社会は嫉妬心にとっては格好の繁殖場所なのだ。

そもそも私たちはなぜ他人と比較することなしに生きられないのか。この問題を考えるために、ジャン＝ジャック・ルソーが格好の導きになってくれる。

代表作『人間不平等起原論』は、読めば読むほど味わい深い本である。ルソーは同書で、なぜ人間が過不足のない楽園のような自然状態をわざわざ脱して文明の状態に移行したのか、またそうすることで、どのようにして社会に不平等が生まれたのかについて考察している。

不平等の起源について考察するなかで、ルソーは「自尊心（amour-propre）」について言及する。まずルソーにとって自尊心とは、他人との比較のなかで、自分のことをえこ贔屓するよう求める相対的な感情であり、自然状態の人間がもともと持っていなかった、どちらかと言えば下劣な感情である。「自尊心を持て」としばしば言われるが、ルソーは他人との比較にもとづいた自尊心なるものをまったく評価しておらず、むしろ不幸の根源であるかの如く、これを徹底的に批判する。

どうしてこのような感情が生まれたのか。ルソーが描き出すところによれば、自然状態にあって森を彷徨していた人々が、定住し、群れを作りはじめると、コミュニティができあがる。この定住が人々に比較を促すことになる。しだいに人々は比較することに慣れはじめ、ここに自尊心が誕生するのだ。ルソーはきずなを強めた人々についてこう語っている。

各人は他人に注目し、自分も注目されたいと思いはじめ、こうした公の尊敬を受けることが、一つの価値をもつようになった。もっと上手に歌い、または踊る者、もっとも美しい者、もっとも強い者、もっとも巧みな者、あるいはもっとも雄弁な者が、もっとも重んじられる者となった。そしてこれが不平等への、また同時に悪徳への第一歩であった。この最初の選り好みから一方では虚栄と軽蔑とが、他方では恥辱と羨望とが生れた。（ルソー『人間不平等起原論』本田喜代治・平岡昇訳、岩波文庫、１９３３年、93‐94頁）

こうして芽生えた自尊心は、もともと自然状態には存在しなかったものだ。そこで人々は他人と比べたりすることなく、十分豊かな生活を享受していたのだから。

自然状態で人々が持っていたのは「自尊心」ではなくむしろ「自己愛（amour de soi-même)」である。この区別は決定的である。一般に、自己愛は利己的なものと捉えられ、好ましくないものと考えられがちである。しかし、ルソーはこれを人間の自然な感情として高く評価する。そこから人間愛と美徳が生まれる点で、自己愛が総じて望ましいものであるのに対し、他人との比較を教え、不幸をもたらしたものは自尊心なのである。

自尊心（amour-propre）と自己愛（amour de soi-même）とを混同してはならない。この二つの情念はその性質からいってもその効果からいっても非常にちがったものである。自己愛は一つの自然的な感情であって、これがすべての動物をその自己保存に注意させ、また、人間においては理性によって導かれ憐れみによって変容されて、人間愛と美徳を生み出すのである。自尊心は社会のなかで生れる相対的で、人為的な感情にすぎず、それは各個人に自己を他の誰よりも重んじるようにしむけ、人々に互いに行なうあらゆ

る悪を思いつかせるとともに、名誉の真の源泉なのである。（181頁）

このようにルソーは比較と嫉妬の起源を描き出した。自尊心が安楽に暮らす野生人に悲劇をもたらしたというわけだ。したがって『人間不平等起原論』とは、ある意味で『人間嫉妬起原論』に違いない。嫉妬は社会の誕生と時を同じくして生まれたのである。

嫉妬のチームプレイ——ショーペンハウアー

より現代の洞察として、ドイツの哲学者ショーペンハウアーを取り上げておこう。彼は「判断、批評、喝采ならびに名声について」のなかで、嫉妬を「あらゆる種類の個々の傑出した人物に対して、凡庸者どもが申し合わせなど抜きに暗黙裡にとり結び、いたるところで栄えている同盟の塊」（『ショーペンハウアー全集14』秋山英夫訳、白水社、1973年、20頁）であると言っている。それは名声や功績に立ちはだかり、その成功を阻止する凡庸な者たちの組織的抑圧である。そのさい彼らが用いる手段は、匿名でくだらぬものを持ち上げ、功績に対しては沈黙する（「嫉妬の沈黙」）ことであるという。

どうやら嫉妬は〝チームプレイ〟としても発揮されることがあるようだ。新しい才能に対するこうした保身的な黙殺は、どのような業界でも多かれ少なかれ見られるものだろう（もちろんアカデミアの業界にも！）。これは新しいものによって古いものが駆逐されることに対する不安であり、組織的な防衛と見ることができる。

競争と嫉妬――ニーチェ

つづいて、第一章でも見たニーチェをふたたび取り上げよう。「ホメロスの競争」という短い論考のなかで、ニーチェはギリシャ人らが嫉妬にかんして、私たちとはまったく違った考え方をしていたと報告している。

まず、ギリシャ人らは「競争」に特別な価値を与えていた。たとえば、よく知られているように、陶片追放（貝殻追放）が抑止しようとしたのは、（少なくとも公式的には）カリスマを持った天才が登場し、僭主になることで、ギリシャ人のあいだに競争が途絶えてしまうことであった。このように、ギリシャ人にとっては、「相互に行動へ駆り立て合い、また相互に節度の限界を守り合わしめる若干数の天才が常に存在することが、事物の自然な秩序である」（『ニーチェ全集2　悲劇の誕生』塩屋竹男訳、筑摩書房、1993年、326頁）。

ニーチェによれば「ギリシア人はもはや競争を伴わざる名声には、すでに競争の終焉せる幸運には、堪えることができなかった」（329頁）。それだけ競争は、ギリシャ人にとってなくてはならないものであったのである。それは相手を打ち負かすことによって栄光や名誉を手にすることができるという誇示的な理由によるのみではない。むしろ、相手との正当な競争があるおかげで、対立が枠付けられ、敵対心が過激化するのを防いでいたのだ。これはいわば対立の制度化である。ニーチェが言うように、「われわれが競争をギリシア人の生活から取り去るならば、われわれはただちにホメロス以前の、憎悪と殲滅欲との恐るべき野獣性のかの深淵を窺き込むのである」（329頁）。こうしたギリシャ精神からすれば、嫉妬とは忌み嫌うものどころか、むしろ競争を活性化するものであった。

こうしたニーチェの洞察から、嫉妬のような悪感情が逆説的にも共同体の維持のために不可欠な役割を果たしていたと言うこともできよう。

「非 - 嫉妬の政治」の可能性とは――マーサ・ヌスバウム

現代の政治哲学者で、嫉妬感情を正面から取り上げている数少ない人物の一人にマーサ・ヌスバウムがいる。ヌスバウムは、ケイパビリティ・アプローチによってジョン・ロールズの正義論を批判的に継承したことで知られる。２０１６年には京都賞も受賞しており、日本でもそこそこ知られた政治哲学者であると思う。

ヌスバウムは、人々の嫉妬感情が民主社会にとって脅威になると議論する。封建社会や絶対君主制のもとでは、人々の身分や展望はある程度制限されていたため、嫉妬もそれほどでもなかった。それが真に威力を発揮するようになるのは、民主社会のもとで可動性(mobility)が高まり、広く競争が行われるようになったときである。ヌスバウムは「たとえその原因が正当なものであったとしても、嫉妬は問題であると考える」(Martha Nussbaum, *The Monarchy of Fear: A Philosopher Looks at Our Political Crisis*, Oxford University Press, 2021, p. 136) と、はっきりとこの感情が民主社会を危機にさらすものであると認識している。

こうした見方からすると、確かに過度な経済格差の是正を求める左派の訴えには聞くべきところがあるにせよ、そのことは支配者集団の不幸を望むこととは別問題である。嫉妬にもとづく問題解決はろくなことにならない。「嫉妬は社会の中心に憎悪と緊張を生み出し、この敵意のために社会がそのいくつかの目標を達成できなくなるかもしれない」(pp. 137-138) のである。

ヌスバウムの議論に特徴的なことは、嫉妬を「恐れ (fear)」と結びつけて考察していることだ。彼女によると、恐れとは「是が非でも持っておく必要のあるものを持っていないという恐れ」のことである。こうした不安や無力感から、人は他人とのゼロサム的な競争へと駆り立てられてしまうのだ。

では、民主社会において、私たちはこの感情とどのように付き合うべきか。ヌスバウムの答えは「非 - 嫉妬の政治 (politics of non-envy)」である。これは高潔でありながらも現実主義的な政治的解決を探究する、そのような政治のことであるという。

ヌスバウムはフランクリン・ルーズベルトを引き合いに出しながら、この「非 - 嫉妬の政治」の可能性を探っている。当時、アメリカは恐慌に見舞われ、人々は恐れと不安に支配されていた。そのようななかにあって、ルーズベルトのニューディール政策が、恐れそのものを恐れなければならないと語り、基本的な社会保障やセイフティーネット(連邦預金保険や独占を規制する法、失業保険、社会保障、メディケア)を整えたことはよく知られていよう。

ヌスバウムはこうしたルーズベルトの政策に、嫉妬を抑制する手がかりを求めている。すなわち、人々の権利を保障すること、これのみが民主主義を嫉妬から保護することができるというわけだ。「すべての人間一人ひとりが権利によって持っているものについて、人々は他人を妬んだりすることはできない。重要な経済的な財のいくつかを権利のカテゴリーに移行させることで、嫉妬は、少なくともある程度は弱められる」(p. 163)。たとえば教育を受ける権利が認められた社会において、その権利を特権として妬む人がいないように、人は万人に権利として承認されたものを妬むことはない。あるいはベーシック・インカムのような制度を考えてもいいかもしれない。

様々な基本的な財を脱商品化し、万人に権利として認めることができれば、少なくともその範囲については嫉妬の悪影響を避けることができる、これがヌスバウムの提案である。ヌスバウムの議論は確かに、一つの見識ではあるだろう。誰も恐れを抱かなくて済むような社会を実現することができれば、嫉妬はある程度は抑制されるというのはその通りかもしれない。

しかし、こうした解決があまりに理想主義的であることは別にしても、そもそも人々の権利保障は嫉妬の問題を解決はしない。むしろ問題をずらすのみである。つまり、第四章で詳しく議論するように、ある面での平等の達成は嫉妬者を満足させることはなく、嫉妬心は別の差異に憑依しながら、相変わらず民主主義を不安定にするに違いない。

嫉妬から完全に解放された社会が存在しないのであれば、そもそも嫉妬を退けようとする試み自体が間違いである。問題は不平等や格差の程度ではないのだから、それらを和らげることで嫉妬を解消しようとする試みはいずれも空振りに終わる。嫉妬の拙速な解消はむしろ状況を悪化させる可能性が高いとすると、私たちはこの感情の両義性に着目し、これをなんとか飼い慣らし、それとうまく付き合っていくほかない。

正真正銘の悪徳——福澤諭吉の「怨望」論

ここまで、おもに西欧の思想を中心に、嫉妬の思想について概観してきた。さらにここからは、日本の思想家にも目を配りつつ、嫉妬感情にかんする言説を補完しておきたい。取り上げるのは福澤諭吉と三木清である。

福澤は、嫉妬感情を「怨望」（これは英語の“envy”の響きを残す優れた翻訳であると思う）と呼び、これを厳しく評価している。福澤の怨望論が現れるのは、『学問のすゝめ』十三編

「怨望の人間に害あるを論ず」においてである。

福澤はここで、いっけん不徳とされるものもまた、その強度と働きが向かう方向によっては徳にもなりうることを説いている。たとえば、吝嗇《りんしょく》とは一般にケチなことを意味しているが、計画的に金銭を貯めこむことそれ自体はなんら問題あることでないし、場合によっては倹約的であると評価されるかもしれない。

あるいは奢侈もまた、それ自体としては快適な暮らしを求める人間の本性にかなっており、美徳であるとさえ言える。ただそれが不相応になりすぎるとき、不徳になるのである。したがって、どのような性質も両義的である。いっけん悪徳に見えるものも、時宜にかないさえすれば、美徳になりうる。

しかし、怨望だけはこの両義性の法則にしたがわない。人間とは様々に不徳を致すものではあるけれども、「その交際に害あるものは怨望より大なるはなし」。それは正真正銘の悪徳、「衆悪の母」、「人間最大の禍」であるほかない。福澤は怨望を徹底してこき下ろしている。

独り働きの素質において全く不徳の一方に偏し、場所にも方向にも拘わらずして不善の不善なる者は怨望の一箇条なり。怨望は働きの陰なるものにて、進んで取ることなく、他の有様に由って我に不平を抱き、我を顧みずして他人に多を求め、その不平を満足せしむるの術は、我を益するに非ずして他人を損ずるに在り。（福沢諭吉『学問のすゝめ』岩波文庫、１９４２年、１１６頁）

なぜ福澤はこれほど怨望を非難するのだろう。それは、この感情が他人を害するのみならず、「世上一般の幸福をば損する」と考えているからである。つまり、それは私益だけでなく、何よりも公益に反する。西洋文明との折衝のなかで、日本の独立自尊を思想的に牽引しようとした福澤にとって、この不安定要素の排除は喫緊の課題であったに違いない。

この福澤の怨望論について、日本政治思想史研究者の苅部直が『『学問のすすめ』全十七編のなかで、一つの対象につき、ここまで徹底した批判に終始している編は珍しい。この第十三編が唯一と言ってもよいほどである」（苅部直『歴史という皮膚』岩波書店、２０１１年、１４７頁）と述べているように、福澤の見方はどこまでもネガティブなものだ。ここから嫉妬は、個人にとってのみならず、社会全体にとってもたいへんに始末の悪い感情であるとされてきたことが分かるだろう。

嫉妬は平均を目指す——三木清の嫉妬論

三木清は「嫉妬について」と題された短い論考のなかで、この感情について含蓄のある考察をしているので、ここで一瞥しておきたい。三木もまた多くの哲学者と同様、「嫉妬は狡猾に、闇の中で、善いものを害することに向かって働くのが一般」であり、「悪魔に最もふさわしい属性」（三木清『人生論ノート 他二篇』78頁）であると語り起こしている。

三木の嫉妬論に特徴的なことは、トマス・アクィナスと同様に、嫉妬を愛と対比させながら、この情念の特徴を際立たせることにある。確かに、愛は純粋であり、嫉妬はつねに陰険であるから、両者は正反対の性質を持つように見える。しかしよくよく観察すると、対極的に見えるこれら二つの感情にも、どこか似たところが浮かび上がってくる。

たとえば、愛も嫉妬も、どちらも術策的であり、持続性を持つため、これらの感情ほど人間を苦しめるものはない。それらは術策を伴うがゆえに、なおさら持続することで、人間にとって狂おしいものとなる。さらに、愛も嫉妬も、その強さは想像力を働かせることにもとづいている。

そして三木は、この二つの感情がしばしば混じりあっていることに注意を促している。愛は嫉妬が混入することでいっそう術策的になり、嫉妬において想像が働くのは、そこには愛が混じっているからにほかならない。「嫉妬の底に愛がなく、愛のうちに悪魔がいないと、誰が知ろうか」(79頁)。

三木によれば、嫉妬の対象になるのは「自分よりも高い地位にある者、自分よりも幸福な状態にある者」であるが、その差異は絶対的なものであってはならず、手の届くような相手でなければならないという。ただし、嫉妬者はそうした高い位置に自らを高めようとはしない。むしろ嫉妬は「本質的には平均的なものに向かっている」のだ。

嫉妬とはすべての人間が神の前においては平等であることを知らぬ者の人間の世界において平均化を求める傾向である。(81頁)

嫉妬者は「平均」よりも高く逸脱するものを低めようとするのであって、これが愛と大きく異なる点である。愛はより高いものに憧れるのがつねであるから。

特殊的なもの、個性的なものは嫉妬の対象にはならないと三木は言う。つまり、嫉妬の関心は質的な差異ではなく、量的な差異のうえに働くということだ。この点に、またしても愛との違いが見出されよう。愛が対象の特異性に向けられるのに対し、嫉妬はあらゆる差異を量的なものに還元してしまう。

嫉妬は他を個性として認めること、自分を個性として理解することを知らない。一般的なものに関してひとは嫉妬するのである。これに反して愛の対象となるのは一般的なものではなくて特殊的なもの、個性的なものである。（80‐81頁）

このように、対象のかけがえのなさといった価値観は嫉妬者には無縁である。彼（女）はたえず、相手の持つものが自分より多いのか少ないのかに目を光らせるのみなのである。最後に、嫉妬心は公的な場所を知らない感情であると三木はいう。ここに嫉妬心と混同されがちな功名心や競争心との大きな違いがある。「嫉妬はすべての公事を私事と解して考える」のである。

本章では、欧州の思想家を中心に、嫉妬論の系譜について概観した。おそらくアメリカやアジア、あるいはイスラム圏やアフリカにも、多種多様な嫉妬論が見出されよう。だが、私たちとしては、手元にかき集めた議論でひとまずは満足するとして、今度は少し異なった角度からこの感情に迫ってみることにしたい。次章で扱いたいのは、嫉妬とはある意味で正反対の「誇示」や「自慢」についてである。

＊1 本章において嫉妬の系譜を執筆するにあたり、ヘルムート・シェックやサラ・プロタシらの議論を大いに参照した。

＊2 近年の政治哲学では、嫉妬の効用を説く議論もいくつか存在している。たとえば Harrison P. Frye, "The Relation of Envy to Distributive Justice" (*Social Theory and Practice*, Vol. 42, No. 3, 2016) や Krista Thomason, "The Moral Value of Envy" (*Southern Journal of Philosophy*, Vol. 53, Issue 1, 2015) などを参照のこと。

＊3 ちなみに同じようなことをベーコンも言っている。それによると「名門の人は新人が出世すると嫉妬することで知られている。両者のへだたりが変わるからである。それは他人が近づいてくると、自分が後退するように思う目の錯覚に似ている」(『ベーコン随想集』45頁) という。

第三章

誇示、あるいは自慢することについて

時節を得ない自慢は、狂気と共鳴する。[*1]
（ピンダロス『オリュンピア祝勝歌』）

不愉快な自慢話

一般に、他人の自慢話ほど不愉快なものはない。あなたの周りにも一人か二人いるだろう、自分の成功や業績を吹聴してやまない人が。ＳＮＳを見渡せば、そこでは誇示競争のようなものがたえず繰り広げられている。日常的に自分をアピールする人、さりげなく贅沢を匂わせる人もいれば、写真を加工して「盛る」ことで実態以上に大きく見せる人もいる。ともあれ、現代社会には大なり小なりの誇示や自慢があふれている。

そもそも、人はどうして何かを自慢したがるのだろうか。おそらく承認欲求であるとか自信のなさの表れであるとか、様々な説明がなされているだろう。興味深く思えるのは、そうした承認に対するあくなき欲求が、誇示や自慢によってはなんら解決されているようには見えないことだ。まるで喉の渇きを癒やそうとして海水をがぶ飲みするように、誇示者はますます承認に飢えているように見える。

ジラールの「羨望の三角形」

この欲求不満は、私たちの欲望の構造そのものに関係している。たとえば、欲望には模倣的な性格があること、つまり私たちの欲望には他者の存在が不可欠であることを説いたのはフランスの哲学者ルネ・ジラールであった。ジラールは、欲望の成立を「羨望の三角形」によって以下のように表現している。

> われわれが観察した一切の欲望の中では、単に、対象と主体があるだけではなかった。第三の項、一度だけわたしが優越性を与えようと試みることができたように思う競争相手が存在していたのである。（……）主体は、競争者がそれを欲望するが故にその対象を欲望するのである。競争相手が何らかの対象を欲望することによって、主体に、望ましいものとしてその対象を指示するのである。（ルネ・ジラール『暴力と聖なるもの』古田幸男訳、法政大学出版局、２０１２年、２２８－２２９頁）

ジラールによると、私たちの欲望は自発的なものではないし、対象にもとづいたものでもない。そうではなく、その対象を欲するもしくは所有する第三者の存在に欲望はもとづいている。つまり、隣人がそれを欲するからこそ、私もそれを欲するのである。ここでは嫉妬が欲望よりも先に来る点がポイントである。「つまり、他者にたいする羨望は（……）対象への欲望に先行しまた規定しているのであり、欲望のあとを追っているのではないのである」（デュムシェル／デュピュイ『物の地獄』35頁）。

ところでこの場面において、嫉妬者のまなざしの先には、自分の成功や富をこれみよがしに誇示する人（本章ではそのような人物を「誇示者」と呼ぶことにする）がいる。それでは、この羨望の三角形をこの誇示者の側から見るとどうなるだろうか。誇示者の欲望は、単に財を享受するだけでは満足しない。むしろ財や優位性を他人に見せつけ、嫉妬されたときはじめて満たされるのだ。言い換えれば、欲望が満たされるためには対象だけではなく、それをほぞをかんで見つめる第三者が必要になるというわけだ。

スラヴォイ・ジジェクのある下品なジョークが、まさにこの欲望の性質を突いている。貧しい田舎者の男の船が難破し、無人島に漂着する。生き残ったのはスーパーモデルのシンディ・クロフォードと彼の二人だけだ。ほどなくして二人は関係を持ち、女は男に「どうだった？」と聞くと、男は「すばらしかった」と答えるが、「ちょっとした願いを叶えてくれたら、満足が完璧になるんだが」と付け加えた。男の願いとは以下のようなものだ。

頼むからズボンをはき、顔に髭を描いて、親友の役割を演じて欲しいというのだ。「誤解しないでくれ、おれは変態じゃない。願いを叶えてくれれば、すぐにわかる」。女が男装すると、男は彼女に近づいて、横腹を突き、男どうしで秘密を打ち明けあうときの、独特の流し目で、こう言う。「何があったか、わかるか？　シンディ・クロフォードと寝たんだぜ！」（スラヴォイ・ジジェク『ラカンはこう読め！』鈴木晶訳、紀伊國屋書店、２００８年、28頁）

このジョークが示しているのは、欲望が第三者のまなざしなしには完結しないということだ。誰かに自らの幸福や成功を誇示し、妬みをかき立ててはじめて欲望は成就する。欲望にはつねにそうした他者の介在がある。

誇示・自慢についての考察

そういうわけで、本章では嫉妬と相関関係にある誇示という現象について、つまり、誇示することと、自慢することについて考察してみたい。嫉妬者と誇示者はいっけん対立しているようだが、そのじつどちらも相手に依存している点で、両者にはどこか共犯関係のようなところがある。もっとも、誇示や自慢は人類の歴史と同じくらい古く、したがって本章での検討対象も網羅的にはなりえない。それでも、誇示が時代とともにどのように変化してきたかを描くことで、この現象の一端を掴むことはできるに違いない。

さしあたり、本章で問うてみたいのは以下のことである。ある時期まで、不特定多数に向けた誇示は特権的な人々のものであり、そのかぎりで誇示の仕方にも一定の作法や節度があった。しかし、誇示が万人に開かれるとき、そのあり方にも変化が訪れる。誇示があちこちに蔓延っているとき、いわば「誇示の民主化」ともいうべき状況において、それが最も弱々しく映るのはなぜであるか。本章の考察は、誇示というごくごく身近な現象を手がかりに、現代という時代を探る一箇の承認論にもなるだろう。

プルタルコス「妬まれずに自分をほめることについて」

そもそも、どうして他人の自慢話は不愉快なのか。あらためて問うまでもないのかもしれないが、ここでは帝政ローマの歴史家プルタルコスの「妬まれずに自分をほめることについて」という論考を見よう。それによると、第一に、自分で自分を誉めることは恥知らずなことであり、たとえ他人に誉められたとしても恥じらうべきである。さらに、賞賛とは他人から受け取るべきもので、それを自分で自分に与えることは正しくない。自画自賛は良識に反するのであり、だからこそ私たちはそれをとても苦痛に感じるわけだ。

それればかりではない。さらに不快に思われるのは、自慢話がともに賞賛するよう私たちに強いるからでもある。自慢話に閉口していると、相手はこちらがやっかんでいると思うかもしれない。そうした嫌疑を逃れようとすれば、おのずと賞賛の輪に加わらざるをえないわけだが、これは「敬意による行ないではなく、媚びへつらいであり、奴隷的な行ないであると言うのがふさわしい」（プルタルコス『モラリア7』64頁）と厳しく評価される。こうした見解は、現代に生きる私たちにとっても文句なしに頷けるものだろう。

いかにして自慢することを避けられるか

だが、相手を不快にしない自慢というのもある。状況次第では誇示もやむを得ないことがあるのだ。たとえば中傷や告発に対して弁明をするときや「不運に見舞われている」とき、あるいは「不正なめにあった政治家」などがその例として挙げられるが、いずれも虚栄心からではなく、不利な立場を強いられたときの弁明のための誇示であれば、聴衆に不快感を抱かせることはあまりない。

もとより「自分について語る」ことは、弁論術の一つのテーマであった（「解説」プルタルコス『モラリア7』348頁）。そのため聴衆に向けて、嫌味に聞こえないよう自らの業績を語る作法がきわめて重要だったわけだ。たとえばプルタルコスは、聴衆に妬みを生じさせないテクニックとして、デモステネスの演説を高く評価する。それによるとデモステネスは「自分について語るとき、そこに聴衆への賞賛をきわめて巧みに取り混ぜることで、妬みが生じないように、また利己的にならないようにしている」（72頁）。あるいは自分に似ていたり、同じような業績を持つ他人を頃よく誉めることで、さりげなく賞賛を自分に誘導するのも効果的である。

もちろん自慢話がみっともないことは誰でも知っている。それでも私たちはその甘美さに誘われ、罠に嵌ることがある。「自慢話はその大部分が自己愛から発するものであるため、名声に対して十分に節度があると思われている人も、しばしばそれにはっきりと手を染めている」(87 - 88頁)。

どうすれば不適切な自己賞賛から逃れることができるだろうか。プルタルコスの助言は、伝染病の流行っている場所を避けるという健康術に準じるものだ。つまり、「自慢話には、あらゆる口実を用いてわたしたちを自慢話へと誘い込み、そこに陥らせる特定の機会や話題」(88頁)があり、したがってそれらを避けることが賢明になる。たとえば、他人が誉められている時や、偉い指導者や著名人たちとの宴会の帰り道、さらには人を叱責したりとがめる場合など。そういうわけでプルタルコスは「自分自身や聞いている人に何か大きな利益をもたらす〔たとえば聞いている人を励ましたり刺激するような自慢――引用者による補足〕ことが望めないかぎり、自慢話はやめることにしよう」と読者にすすめている。

分け前を伴う誇示

時宜を得ない誇示はみっともない。ただし、それが立場に相応しく節度を保ったものであればそのかぎりではない。政治思想ではよく知られる、ニーチェやアーレントが認めた古代ギリシャ人の卓越さへの情熱も、そうした徳の一つだろう。

そのほか、他人への分け前を伴う誇示も人々に受け入れられやすい。ここでは富の浪費について考えてみよう。誰かへの贈り物として、ちょっとした土産であれば気が利いているとみなされようが、あまりに高価なものはむしろ威圧的になってしまう（有名なところではポトラッチがそうである）。浪費は身の丈にかなったものであれば美徳になるが、行き過ぎると途端に示威的なものになる。美徳と悪徳の境界はきわめて曖昧であり、徳の傍らにはつねに悪徳が控えていると言ってよい。

「度量の広い人」と「度量の狭い人」について――アリストテレス

かつてアリストテレスはこうした絶妙の徳を「度量の広さ」（メガロプレペイア）と呼んだ。

それは以下のようなものだ。

支出のうちには、われわれが尊い支出と呼んでいる種類があり、たとえば奉納品や神殿の造営、供犠といった神々に関わる支出や、同様にあらゆる神事に関わる支出、そしてまた悲劇の合唱隊や三段櫂船、あるいはポリスを挙げての饗宴などを、どうにかして盛大に設えなければならないと算段する場合のような、公共のために名望家に求められる支出こそ、度量の広い人の出番である。（『アリストテレス全集 15』神崎繁訳、岩波書店、2014年、153‐154頁）[*2]

これに対し、アリストテレスはやりすぎる人、超過する者のことを「はったりを示す者」と呼んでいる。はったりを示す者はちょっとした会食でも結婚式であるかのようにもてなし、「小さな支出の対象に多くを費やすことによって、調子外れのこれ見よがしのことをする」。彼は「自分の富を誇示して、そのことで感嘆してもらえる」と踏んでいるのである。

それでは、適切な支出をしない吝嗇家や守銭奴はどうだろうか。アリストテレスはこうした「度量の狭い人」について、「あらゆることに関して不足しており、たとえ最大限に費やしたとしても額は小さいので、美しさを損ねてしまい、（……）どうすれば出費を最小限にできるかあれこれ考えたあげく、出したものを悔やんで、自分では万事必要以上のことをしたと思い込む」（156頁）と評価している。

威信のための消費

私たちにも思い当たる節がないわけではないが、度量の狭さは、場合によっては致命的なものになる。たとえば、ノルベルト・エリアスは前近代的な宮廷社会に支配的であった「地位のための消費をいとわない気質」あるいは「威信のための消費」について報告している。そこでは地位に見合った姿で現れないことは、社会の尊厳を失い、所属していた地位集団の交際から締め出され、没落することを意味していたという。

これに関して、リシュリュー公のある振る舞いが紹介されている。それによると、リシュリュー公は、貴族に相応しい金の使い方を教えようと、息子に金の入った財布を渡したが、息子のほうは財布の金を使わずにそっくりそのまま持ち帰ってきた。それを知ったリシュリュー公は、その財布を窓から投げ捨てた。「これこそ社会的伝統にのっとった社会化であって、それは気前よく振舞うことが位階上義務づけられていることを、ひとりひとりの心に刻み込むのである」（ノルベルト・エリアス『宮廷社会』波田節夫ほか訳、法政大学出版局、1981年、104頁）、エリアスはそう分析している。

富を華々しく浪費すること

さらに歴史学者のマルク・ブロックによれば、中世の騎士が農民たちに課した苛酷な税は、あることを条件に非難の対象にはならなかった。その条件とは、「その利得が直ちに物惜しみなく散ぜられるということ」であったという。物惜しみせず浪費することは一つの徳として認識されていたのだ。ブロックは、中世のリムーザン地方における「浪費の奇妙な競争」について報告している。

ある騎士は、予め耕作された畑に少額の銀貨を播かせると、もう一人の騎士は調理のためにろうそくを燃やす。第三の騎士は、《剛気の気性から》（par jactance）馬三十頭を生きたまま焼くことを命じた。このように気前のよさによって勢威を争うこと（……）

について、商人だったらどう考えたであろうか。（マルク・ブロック『封建社会２』新村猛ほか訳、みすず書房、１９７７年、32頁）

私たちからするとこうした富の破壊はとても合理的とは思えないものだが、気前良く振舞ったり富を華々しく浪費することは、自分の評判を守り、維持するためにときに不可欠なことであった。

奢侈について

奢侈や贅沢もまた、他人に見せびらかすことと切り離せない。社会学者のマイク・フェザーストンの論考を手がかりに、西洋において贅沢がどのように表象されてきたのかを簡単にみておこう。

そもそも「贅沢」（luxury）という言葉は、ラテン語の二つの名詞に由来する。その二つとは「官能、華美、華やかさを意味する *luxus* と放縦、不節制、浪費を意味する *luxuria*」（マイク・フェザーストン「贅沢について」時安邦治訳、『学習院女子大学紀要』13巻、２０１１年、

9頁）であり、この両義性には、贅沢そのものは好ましいとしても、度を過ぎるとたちまち悪徳になってしまうといった特徴がよく現れている。実際、古代ギリシャやローマの賢人らは第一の意味が第二の意味に転落してしまうことを危惧し、そこで人間は欲望に支配され、情念に突き動かされる烏合の衆になってしまうと考えた。

さらに、こうした贅沢を徹底的に敵視したのは、いうまでもなくキリスト教であった。贅沢とは「悪魔の誘惑」にほかならず、重大な罪であると考えられ、またときに肉欲や物質的な所有の欲望であるとされた。宮廷社会や貴族もまた、贅沢品が民衆に広まることを快く思わず、たびたび贅沢禁止令を押し付けた。贅沢は堕落や放蕩と考えられ、しばしば規制の対象とされたわけだ。時代ごとに奢侈品についての表象は様々であるものの、「西洋の贅沢は、間違いなく18世紀までの歴史のほとんどにおいて、『危険なもの』、つまり道徳や社会秩序にとって有害なものとして描かれた」（1頁）と言ってよい。

奢侈論争

さて、奢侈や贅沢が新しい表象を獲得したのは18世紀のことである。この時期、イギリスやフランスにおいて贅沢の是非をめぐる、いわゆる奢侈論争が起きている。この論争の口火を切ったフランソワ・フェヌロンの『テレマックの冒険』はベストセラーとなり、贅沢を厳しく窘《たしな》めたことで知られる（Istvan Hont, "The Early Enlightenment Debate on Commerce and Luxury" in Mark Goldie and Robert Wokler eds., *The Cambridge History of Eighteenth-Century Political Thought*, Cambridge University Press, 2006)。

だが、私たちの関心からとりわけ重要なのは、やはりオランダ出身の精神科医バーナード・マンデヴィルである。マンデヴィルは道徳家のシャフツベリーを批判しつつ奢侈擁護論を展開し、奢侈論争の中心人物になった。この論争において贅沢はもっぱら経済的、道徳的観点から評価されていたが、マンデヴィルが母国オランダの経済的成功から（このあとに述べるヴェブレンよりも２００年ほど先に）「誇示的消費」（あるいは「顕示的消費」）という考え方に到達していたことは注目に値する。[*3]

「誇示的閑暇」と「誇示的消費」

こうした消費を新しい経済学の主題として切り出したのは、アメリカの経済学者ソースタイン・ヴェブレンの功績であった。ヴェブレンによれば、私有財産制において蓄財の目的は身体的な欲求を満たすためというよりも、自分と同じ階級に属する人々を出し抜き、世間の評判を保つためのものであった。つまり、蓄財の主たる動機となるのは比較と差別化にほかならない。「財による比較と差別が行われる限り、人は財を競い、財力に対する評判を際限なく追い求め、競争相手より格上になることに無上の喜びを見出す」（ソースタイン・ヴェブレン『有閑階級の理論〔新版〕』村井章子訳、ちくま学芸文庫、２０１６年、76頁）ようになるわけだ。

こうした財の張り合いにおいて、富裕な階級はしだいに生産的労働を自分たちには相応しくないと拒絶するようになる。富を獲得しようとあくせく働くのは卑しくみっともない、そうした労働に従事しなくても富を享受できることこそ勝者のあかし、というわけである。こうしてヴェブレンが「誇示的閑暇」と呼ぶもの、つまりは暇であることをひけらかすといった行動規範が現れるようになる。つまり有閑階級は「時間の非生産的な消費」に勤しむようになったのだ。

さらに19世紀の末頃には、「誇示的閑暇」から「誇示的消費」への移行が起きる。産業化や都市化が進んだところでは、閑暇によるのみでは財力を見せつけるのに十分とは言えないからだ。誰からも一目で分かるよう、財力を印象付けなくてはならない。ある論者は次のように言っている。

ヴェブレンの時代には、金ピカ時代の目に余る顕示的消費が、浪費的な消費を証拠立てることがもつ社会的な意義を証明するのに役立った。要するに、豊かであることだけでは足りないのだ。それにふさわしい地位は、その富つまり富者の支払能力が、誰の目にも明らかになってはじめて確保されるのである。（ロジャー・メイソン『顕示的消費の経済学』鈴木信雄ほか訳、名古屋大学出版会、２０００年、91－92頁）

誇示的消費は「対抗心」、つまりは「自分と同類とみなしている他人を上回りたいという気持ち」に動機づけられている。だが、そうした競争には終わりはない。「財の蓄積を競うのは、本質的には他人との比較に基づく評判を得るためである以上、最終的な到達地点はない」（ヴェブレン『有閑階級の理論〔新版〕』77頁）。ヴェブレンの時代、この勝者なきゲームの主要なプレイヤーは有閑階級と呼ばれた人々であったが、ほどなくしていっそう多くの人々がここに包摂されることになるだろう。

誇示の民主化と誇示者の孤独

19世紀後半から20世紀にかけて、中産階級や労働者階級の購買力も高まり、彼らもまた贅沢品を消費することができるようになった。それにともない、誇示も有閑階級に特有のものではなくなっていく。つまり消費社会のもとで、誰もが多かれ少なかれ誇示する資格を得るようになり、いわば「誇示の民主化」とも言うべき現象が起こるのだ。スーザン・マットが見事に描き出すところでは、たとえば世紀の転換期のアメリカにおいては、人々が贅沢品や奢侈品への欲望を包み隠さずに示すことができるようになり、中間層が富裕層を模倣するプロセスが進行した (Susan J. Matt, *Keeping up with the Joneses: Envy in American Society, 1890-1930*, University of Pennsylvania Press, 2003)。

ここで注目しておきたいのは、嫉妬心についての社会的な評価が変わり、人々を満足に突き動かす感情としてポジティブに捉えられるようになったことである。これまでの章で見てきたように、19世紀以前の考え方からすれば、おおむね嫉妬心は恥ずべき、非道徳的なものであり、消費や贅沢品に対する欲望も宗教的な慎み深さによってある程度抑制されていた。

しかし、１９２０年代頃のアメリカでは、広告業者、エコノミスト、ジャーナリストといった人々によって、嫉妬についての新しい考え方が広められたという。彼らは、それ以前の考え方、つまり人にはそれぞれ神によって与えられた社会における位置があり、高望みせず、身の程を弁えるべきだといった考え方を批判し、嫉妬に新しい意味を与えることに成功したのだ。それこそが、嫉妬は消費への支出を喚起し、国民全体の生活水準を底上げし、経済成長を推し進めるかぎりでそれほど悪いものではなく、場合によっては望ましいものですらありうる、といった考え方にほかならない(p. 184)。マットはこう言っている。

嫉妬の意味や正統性のこの変化が重要なのは、それが消費経済の拡大を支えた新しい感情的かつ行動スタイルの一部であったからである。人々が物質主義に関する宗教的な慎みを克服し、快楽や贅沢、そして欲望を強調し、抑制を重視せず、なかなか満足しようとしないといった感情的スタイルを発展させてはじめて、アメリカで成熟した消費社会が可能であった。(p. 3)

消費社会が発展するなかで、人々は妬み感情の道徳的な後ろめたさから解放され、自由に欲望を表明できるようになった。当時、こうした趨勢を端的に表現したフレーズが「ジョーンズ家に後れを取るな（Keeping up with the Joneses）」であった。このフレーズは、「嫉妬や競争心（emulation）が、罪深く危険な情念であるというよりも、当たり前で広く行き渡った社会的な衝動であったことを示す」（p. 4）ものであった。

ところで、こうした変化を描き出すにあたって、マットが注目したのは都市の女性たちである。１９１０年代頃までには、ファッションからピアノや家具まで、中産階級の女性たちは自らの嫉妬心に忠実に富裕層を模倣するようになっていた。こうしたプロセスは、家庭を守るといった道徳的で保守的なイメージから女性を解放するものであった。大量生産によって商品の希少性は薄れ、多くの人々にとってアクセスしやすいものになっていたこともこの傾向を後押しした。こうして、いわば贅沢品を誇示して消費することが大衆化＝民主化したのである。

現代人を支配する「他人指向的性格」——リースマン

誇示に話題を戻すことにしよう。マットが描き出したのは、誇示の民主化とも言える新しい消費社会の台頭であった。ここにきて、なにやら誇示には根本的な変化が起きている。つまり誇示者は嫉妬者の承認にますます依存するようになり、その自慢にはかつてのような威信は見られず、どこか不安げでもある。

こうした現代人のあり方を、デイヴィッド・リースマンは新しい社会的性格として「他人指向的性格」と呼んでいた。つまり、他人の評価なしには自分の価値を定めることができないような新しい人間の類型を現代人のなかに認めたわけだ。それは次のようなものである。

他人指向型に共通するのは、個人の方向づけを決定するのが同時代人であるということだ。この同時代人は、かれの直接の知りあいであることもあろうし、また友人やマス・メディアをつうじて間接的に知っている人物であってもかまわない。（……）他人指向型の人間がめざす目標は、同時代人のみちびくがままにかわる。かれの生涯をつうじてかわらないのは、こうした努力のプロセスそのものと、他者からの信号にたえず細心の注意をはらうというプロセスである。（デイヴィッド・リースマン『孤独な群衆（上）』加藤秀俊訳、みすず書房、２０１３年、１１２頁）

それ以前に支配的であった社会的性格である「伝統指向型」や「内部指向型」とは違い、

現代人は他人がどう思うかといった評価を何よりも気にかける。リースマンはこの同時代人の範囲を「銀河系」と表現するが、人々はその銀河における自分の立ち位置に腐心し、他人との比較をやめることができない。つねに不安に苛まれながらも、他人からの承認を渇望している、そうした存在である。

リースマンはこうした新しい性格類型を１９５０年のアメリカ社会に見出している。しかし、これがかなりのところ現代社会に普遍的な性格類型として提示されている点に注意しよう。そして彼はこう予言するのだ。「この他人指向型の人間は若い年齢層、大都市、そして上層階級にみられる類型であるから、この型の性格がアメリカぜんたいのヘゲモニーをとることは、現代の傾向からみて、時間の問題であるようにおもえる」（１１０頁）。

ソーシャルメディア時代の誇示

現代社会もまた、概ねこうした大衆化の延長線上にある。こうした傾向に拍車をかけているのが、いうまでもなくマスメディアの発達である。

ただし、誇示の主要な舞台はいまやインターネットに移っている。とりわけＳＮＳの爆発的な普及は誇示をめぐる風景を大きく一変させた。

ソーシャルメディアの登場は、私たちの振る舞いにどう影響しているだろうか。ここではアレクサンドラ・サミュエルの議論を見てみよう。それによると、第一に、ソーシャルメディア時代における「近接性（proximity）」の変化が指摘されている。一般に、私たちは身近なものほど親近感を抱きやすいが、ソーシャルメディアは、従来であれば知らずに済んだ他人の生活を覗き見ることを可能にし、いまや私たちの視野に入る範囲は、事実上、無制限になった。

第二に、ソーシャルメディアは社会的障壁を無効にし、これが人々の比較を解き放つことになる。かつては自分と同じ階級、同族の範囲内に留まっていたが、会ったこともない、そしておそらく今後も会うことのない他人との絶え間ない比較が始まったのだ。「さまざまな階級が競争と互いの比較をはじめるのは、既成の秩序が解体しつつあり、人間のあいだの差異が曖昧になるときである」（デュムシェル／デュピュイ『物の地獄』38頁）とは、まさに私たちの時代にこそ当てはまる。

そして最後に決定的なことに、かつて「持つ者」は「持たざる者」からの嫉妬を恐れ、富や成功を隠す傾向にあったが、ソーシャルメディアの時代にあって人々は自身の幸福をもはや隠そうとはしない。それどころか、自身の幸福を過剰に繕い、実態以上に見せることすらある。「私たちは妬みを引き起こしかねないものを隠すという考え方をやめ、嫉妬されそうな経験や獲得を褒め称えるようになった」(Alexandra Samuel, "What to Do When Social Media Inspires Envy", *JSTOR Daily*, 2018〈https://daily.jstor.org/what-to-do-when-social-media-inspires-envy/〉)。これにより、自慢と嫉妬の弁証法は相乗的に加速するだろう。

こうして、「万人の万人に対する誇示状態」ともいうべき事態が到来した。新年度のいっせいの着任・異動報告をはじめ、助成金や賞の獲得実績の状況、回転寿司チェーンでの人生を張った奇行まで、人々は休みなく誇示へと強制されている。何がこれほどまでに私たちを駆り立てているのか。

私的な事柄が露出される時代

こうした誇示の状況は、精神分析理論家の立木康介が「私的領域が露出されてやまない時代」と表現したものと呼応している。立木によれば、現代とは、従来であれば秘すべきであった私的な事柄が公的に露出されるような時代にほかならない。

その象徴的なエピソードとして語られるのは、イタリアの首相であったシルヴィオ・ベルルスコーニとその妻ヴェロニカである。２００９年の５月のある日曜日、メディアの紙面に「ヴェロニカの決意 さよならシルヴィオ」、さらに「ヴェロニカ、シルヴィオにさよなら 私は決めた、離婚を要求するわ」といった文字が躍ったのだ。これについて、立木は次のように言う。

> もっともプライヴェートであるはずの決断が、もっともプライヴェートであるはずの段階で、あからさまに、無遠慮なまでに、不特定多数の耳目に押しつけられたのだ。いうなれば、ベルルスコーニ夫妻において、私的領域は秘められるべきものから露出すべきものへと変質したのである。（立木康介『露出せよ、と現代文明は言う』河出書房新社、２０１３年、11頁）

現代では、多かれ少なかれ、誰もが私的であったはずのものを公的空間に垂れ流している。これは個人の内面、いわば心についてもそうである。立木は人々が心の闇をさらす社会を無意識が衰退した社会と捉えるが、これもまた誇示の民主化の一つの帰結と見ることができるだろう。

「真正さ」の問題とは何か

私たちがたえず誇示へと駆り立てられるのはどういうわけなのか。これについては、チャールズ・テイラーが「真正さ」の問題として捉えたものからアプローチできる。テイラーは、近代における変化として「名誉」から「尊厳」への移行があったと指摘する。そもそも名誉とは、誰かには与えられ、誰かには与えられないことで価値を持つ財であろう（全員が受賞する賞に価値はない）。そのかぎりで、名誉の観念は不平等な階層秩序を前提としている。

だが、そうした秩序はいまや崩壊し、代わりに尊厳の観念が現れた。これは普遍主義的で平等主義的なものであり、「この尊厳の観念が、民主主義社会と両立しうる唯一のものであるということ、また旧い名誉の観念がこれにとって代わられるのが不可避であったということは明白である」（チャールズ・テイラー「承認をめぐる政治」『マルチカルチュラリズム』佐々木毅ほか訳、岩波書店、1996年、41頁）。つまり、稀少な財としての名誉を求める競争から、誰もが等しく尊厳を享受する時代へと移行したというわけだ。

こうした平等化のプロセスのさなかで、逆説的にも切実さを増すのが「真正さ」にほかならない。ここで「真正さ」と呼ばれているものとは、たとえば以下のようなことだ。

> 人間として存在するうえで、私自身のものである仕方というものが存在するのである。私は自らの人生を、他人の人生の模倣によってではなく、こういう仕方で生きることを求められるのである。（……）私自身に忠実であることは、わたし自身の独自性に忠実であることを意味する。この独自性は、私のみが明確な表現を与えることができ、発見できるものである。私がそれに明確な表現を与えるとき、私は自らを定義づけてもいるのである。私は真に私のものである潜在的能力を現実化しているのである。近代の真正さの理念、そして、通常この理念を含む自己達成や自己実現という目標の背後には、このような理解が存在するのである。（44‐45頁）

したがって「真正さ」とは、自分の人生に意味を与えてくれるアイデンティティのようなものだろう。以前であれば、私たちのアイデンティティは社会的階層に大きく規定されており、あえて問われることはなかった。しかし平等な尊厳の時代には、承認は自明なものではなくなり、自分の独自性がいっそう深刻な問題となる。こうした状況の変化が「承認をめぐる政治」の背景となっている。

さて、同じことが現代の誇示の氾濫についても言えるだろう。誇示者もまた、人々が等しく誇示するなかで、他人とは異なる真正さや独自性を求めてもがいている。しかし問題は、その欲望には決して真の満足が訪れないことである。「誇示の民主化」は万人が多かれ少なかれ誇示的に振る舞うことを可能にしたが、まさにそのことによって誇示そのものの条件が壊れてしまった。自慢が賞賛や嫉妬を必要とするとすれば、誇示の民主化のもとでその効用は著しく下がるだろう。まるで漂流する宇宙船から独りむなしくシグナルを送り続けるように、いまや時宜をまるで得ない、宛先不明の誇示だけが繰り返されている。これがわれらの誇示者の成れの果てなのである。

誇示と資本主義の関係

繰り返せば、一般的に言って、誇示や自慢はあまり誉められたものではない。だからこそ、歴史上の事例が示すように、誇示には様々な作法が付き物であった。しかし現代では、そうしたなにやら深遠な技法はすっかり顧みられなくなっている。

　最後に、やや唐突であることを承知で言えば、誇示が問題になるのは、それが資本主義の論理と強い親和性を持っているからである。奢侈から資本主義の発展を説いたヴェルナー・ゾンバルトを持ち出すまでもなく、誇示が絶え間ない差異化のゲームであるかぎり、その欲望をかりそめにも満たしてくれるのは資本主義をおいてほかにない。そして資本のほうも間違いなく人々の誇示する欲望を利用している。したがって現代左派のコンセンサスになっているポスト資本主義の展望は、いずれ何らかの仕方で誇示者とその欲望を相手取ることになるように思う。

　こうした誇示のゲームを抜け出す方途があるだろうか。もしかするとそれは、「ぼくはチビでデブだけど、それが自慢なんだ」（『くまのプーさん』）といった、常識を転覆するような自慢ではないだろうか。他人との比較の彼方で、自らの特異性をありのままに肯定する、そうした純粋な誇示だけが、資本が押し付けるゲームから束の間の離脱を可能にしてくれるかもしれない――たとえそれもまた新しい差別化の論理に巻き取られてしまうにしても。

＊1　訳文については、プルタルコス『モラリア7』62頁を参照した。
＊2　さらに『大道徳学』新島龍美訳（『アリストテレス全集16』岩波書店、2016年）における「豪気について」もあわせて参照されたい。
＊3　もっとも、誇示を目的とした実力者の消費は、古代にはすでに恵与行為（エヴェルジェティズム）として知られていた。古代の恵与行為についてはポール・ヴェーヌ『パンと競技場——ギリシア・ローマ時代の政治と都市の社会学的歴史』（鎌田博夫訳、法政大学出版局、1998年）を参照のこと。

第四章

嫉妬・正義・コミュニズム

民衆の正義とは、富豪や、資産家や、貴族や、その他の幸福なものに対して、利己的な嫉妬を感ずることである。

いかに？　嫉妬ですらが、尚正義であるか？

（萩原朔太郎『虚妄の正義』）

ビョードーばくだん

国民的マンガ『ドラえもん』に「ビョードーばくだん」というエピソードがある。物語は、勉強も野球もうまくいかないのび太がドラえもんに次のように愚痴ることから始まる。

やる気しないよ。勉強したってどうせわからないし、野球はへたくそで、ジャイアンになぐられるし、ぼくがなにかすると、きっとずっこけるんだ。不公平なんだよ。生まれつき頭がよかったり悪かったり、力が強かったり弱かったり、こんなのひどいと思わないか!?（藤子・F・不二雄『ドラえもん26』小学館、１９８２年、65頁）

そこでドラえもんがしぶしぶ取り出したひみつ道具が「ビョードーばくだん」である。これは、標準にしたい人（ここではのび太である）の爪の垢を煎じた汁を爆弾につめ、打ち上げて爆発させる。その灰をかぶった人は標準の人物と同じになるという道具である。さっそくのび太がこの爆弾を打ち上げ、街中のみんなが灰をかぶった結果、学校の先生を含む全員が遅刻したり、宿題を忘れるようになってしまう。みんな算数の問題も解けなくなり、かけっこも苦手になる。「みんな同じ速さってのは、公平でいいねえ」（69頁）。のび太がそう思ったのも束の間、全員が怠け者になってしまったおかげで社会全体が機能不全に陥ってしまう、といった内容である。

このエピソードにおいて、「ビョードーばくだん」が実現するのは、文字通り一種の平等の状態である。それは人々の状態をのび太のところまで引き下げることで実現される。ここでのび太を突き動かしているのは、劣等感や嫉妬心であろう。できる人とできない人がいる世の中は不公平でおかしい。そうした正義への訴えがここには確かにある。

こうした無邪気な発想は漫画だけのものだろうか。もしかすると不平等の是正を求める正義の要求には、のび太が感じたのと同じ嫉妬心が多かれ少なかれ含まれていないだろうか。本章で扱いたいのは、正義と嫉妬のいくぶん不穏な関係である。

正義の仮面をつけた嫉妬心

これまでの議論で明らかになったことを思い起こしておこう。嫉妬はきわめて恥ずべき感情であることから、他人に知られたくないし、さらには自分でそれを認めることさえ苦痛である。したがって、嫉妬はしばしば自らを偽装する。嫉妬はジェラシーや義憤などに身分を偽り、ときに無害を装ってその願望を密かに満たす。だからこそ、この感情は主流の社会科学ではとても扱いづらい。

こうした偽装のなかでも最もタチの悪いのが、嫉妬が正義の要求として現れるときである。人々が正義感から世直しを求めて立ち上がるとき、あるいは社会の不公正や不平等の是正を訴えるとき、そのほとんどは純粋な動機、つまりは正義感や道義心からのものであろうと思う。

他方で、そうした正義の訴えのなかに、富者や自分の気に入らない相手への私情が紛れることがあるのも事実である。成功者への嫉妬感情が経済格差への批判として現れる、そうしたことが絶対にないと言い切れるだろうか。そんな光景はすでにSNSではありふれたものではないだろうか。

卑近な例を挙げるとすると、筆者はかつて喫煙者であった。あるときを境にやめることにしたのだが、それ以来、他人の煙草のにおいにとても敏感になった。かつては自分も深々と吸い込んでいたそれが空中をふわりと漂ってきて鼻腔をくすぐると、とても強い不快感を抱くようになったのだ。そういうとき、決まって私は「ここは喫煙所ではないのに……」であ

ると か、「近くに小さいお子さんもいるのに……」などと、常識的な正義感にもとづいて憤っているつもりであった。
不思議なことに、その不快感は、煙草を吸ったことのない人が抱くよりもはるかに強いものであった。最近でこそあまり感じなくなったものの、振り返ればこの不快感には喫煙者への嫉妬が確かに含まれていたように思う。もしかすると近年の過度な禁煙運動もまた、受動喫煙を回避するなどと訴えつつ、同じようなマインドによって動かされている部分もあるのではないだろうか。[*1]
あるいはCOVID-19のパンデミックが始まった頃、「自粛警察」と呼ばれる人々がしばし話題になった。彼らは、政府が自粛を求めているのに、それにしたがわず営業を続けている店舗や外食を楽しんでいる人々に苛立ち、それを熱心に妨害した。そうした嫌がらせ行為はおせっかいが行き過ぎたものがほとんどだろうが、彼らのそうした行為は嫉妬心に由来したもので、それを正義感によって糊塗したものではなかっただろうか——「みんな我慢しているのに、自分たちだけ楽しんでいるのは許せない!」

正義と嫉妬

ところで、「正義とは何か」というテーマは、政治思想や政治哲学でとても活発に議論されてきたトピックである。そこでは、様々な境遇にある人々や多様な価値観がひしめく現代にあって、どのような社会が公正かつ望ましいのか、より具体的には財をどのように分配するのか、税は誰がどの程度負担すべきかなど、概して正義にかなった社会についての規範的な議論が展開されてきた。

だが、正義や平等は嫉妬心の隠れ蓑でしかないのではないかという上記の疑念は、そうした論争に冷や水を浴びせるものだろう。こうした不穏さのために、嫉妬感情は多くの社会科学や政治哲学で抑圧されなければならなかったのではないか、そのようにすら思える。

しかし、この沈黙には例外がある。アメリカの政治哲学者であり、正義論の大家でもあるジョン・ロールズは、嫉妬が持つ威力に鋭く気づいており、この感情について議論を割いている。それでは、正義論は嫉妬をどのように扱うことができるのか。このことを考えるために、本章ではロールズの嫉妬論を検討する。結論を先取りして言えば、私たちが見るのは、この感情を無害化し、それをアク抜きしようとするロールズの姿である。

ロールズの『正義論』

ジョン・ロールズ（1921－2002）は、アメリカのハーバード大学で長く教鞭をとった政治哲学者である。1971年に刊行された『正義論』は、それまでの政治哲学のあり方を刷新するほどの影響力を持ち、50年以上経ったいまなお同書をめぐって様々な議論が活発になされている。ロールズについてあまりに多くの論考が書かれたことから、その趨勢はしばしば「ロールズ産業」と揶揄されることもあるほどだ。大学の政治学の授業では、『正義論』が引き起こしたインパクトとその余波をめぐっては必ず言及があるはずである。

ロールズの『正義論』と言えば、やはり「原初状態」や「無知のヴェール」、あるいは「格差原理」といった言葉がよく知られるだろう。確かにこれらはいずれもロールズが公正な社会を論理的に導出するために不可欠な考え方であり、多くの議論を呼んだことは事実である。

他方で、これらと比べるとあまり人目を惹かないものの、ロールズの『正義論』には嫉妬について二つのセクションが割かれている。第八〇節「嫉みの問題」および第八一節「嫉みと平等」のことである。なぜ嫉妬なのか？　じつはロールズは、社会における人々の嫉妬感情が、彼の正義の構想を台無しにしかねないことを恐れている。そこで、この感情について検討し、その懸念を払拭しようというわけだ。だが、これから見るように、その目論見はあまりうまく達成されていない。それどころか、嫉妬の問題は依然としてロールズの議論の急所になっているように思われるのだ。

それでは、ロールズの公正な社会において嫉妬感情はどのように位置付けられているだろうか。そして正義の構想は、この破滅的な感情をうまくコントロールできるのだろうか。

「原初状態」とは何か

すでに述べたように、ロールズは公正な社会の正義原理を探究するために、「原初状態」というアイデアを採用している。それによると、原初状態において、人びとは「無知のヴェール」を被る。このヴェールのもとでは、人々は社会の一般的事実（たとえば、お金は少ないよりできるだけ多くあったほうがよく、人生で多様な選択肢が可能になるといった一般的なこと）については知っているが、社会における自分の立場を知らないものとされる。そのため、人々は何が自分にとって有利／不利であるかを知らず、したがって諸個人は、社会的基本財が公正に配分されるような原理を選択するだろう、ロールズはそう推論する。

これだけではあまりに抽象的であるため、イメージが難しいかもしれない。具体的に考えてみよう。ロールズのねらいは、どのような状況であれば、当事者たちは正義の諸原理に合意できるのかを特定することだ。

かりに裕福な家庭に生まれた健康な人と、社会的なマイノリティ集団に属し、健康にリスクを抱えている人では、当然どのような社会が望ましいかにかんして、双方が納得できるような結論は得られそうにない。前者にとっては、社会保険料を抑え、なるべく税金の負担の少ない社会が好ましいであろうし、後者にとっては社会保障が充実した福祉に手厚い社会が望ましいだろう。あるいは子育て真っ最中の人と、すでに子育てを終えた人（もしくは子どもを持たない人）とのあいだにも、国の子育て支援のあり方をめぐっては著しい見解の相違があるに違いない。人々が有限な資源をどのように分配するのが望ましいと考えるかは、その人が置かれた状況に大きく左右される。

こうした状況を踏まえて、ロールズの無知のヴェールをめぐる議論は、個人の境遇についての知識をいったん括弧に入れた状態で、人々がどのような社会の原理を選択するかについての思考実験である。そして彼の考えでは、人々は「マキシミン原理」（最悪の状況のときに得られる利益が最大になるような選択肢を選ぶ）にしたがい、正義の原理を選択するとされる。ざっくり言ってしまえば、人々は、たとえ社会的に不利な立場に陥ったとしても、ほどほどの生活水準が保障されるような社会が望ましいと考えるはずだ、ということである（ここではこれ以上、原初状態にかんする議論に立ち入るつもりはない。詳しくは齋藤純一・田中将人『ジョン・ロールズ』〈中公新書、２０２１年〉を参照されたい）。

原初状態から排除される嫉妬

ロールズの議論は多くの論争を引き起こした。だが、ここで私たちの関心からして重要なことは次のことである。すなわち、ロールズの正義構想において、原初状態にある人々は一貫して合理的であり、特定の心理的性向に惑わされることはないとされているのだ。そのため『正義論』の第一部において、たとえば人間の嫉妬感情のようなものはロールズの正義構想からは排除され、検討の対象に入ってこないのである。ロールズははっきりと言っている。

本書が設ける特別な想定として、合理的な個人は嫉みに悩まされないというものがある。

（ジョン・ロールズ『正義論〔改訂版〕』川本隆史ほか訳、紀伊國屋書店、2010年、193頁）

原初状態にあっては、人々のあいだに比較の尺度が存在せず、諸個人は他人に嫉妬しないと考えられている。つまり、原初状態に置かれた個人は他人への嫉妬感情に惑わされることはなく、正義の原理を選択できるということだ。

このようなロールズの議論の進め方には、当然のことながら多くの疑義が向けられた。[*2]なぜ人間にとって本質的である感情を原初状態で考慮しないのか、ロールズはあるがままの人間を見ておらず抽象的な人間モデルを用いている、というわけだ。しかし、こうした批判の多くは、あの分厚い『正義論』を真面目に読んでいないか、読もうとしていないものがほとんどである。というのも、ロールズのなかで嫉妬の問題はこれで終わってはいないからだ。『正義論』第三部において、ロールズは嫉妬問題にふたたび向き合っているのである。

具体的に言えば、『正義論』の戦略は、第一部では「嫉みが存在しないという想定のもとで諸原理が導き出され」、そして第三部で「人生をとりまく情況を視野に収めつつ最初の部分で到達した構想が実行可能かどうかを検討する」ことになっている（こうした議論の進め方は「反照的均衡」とも呼ばれる)。それでは、ロールズは正義と嫉妬の問題をどのように処理するのだろうか。『正義論』第三部に向かってみるとしよう。

第八〇節「嫉みの問題」

『正義論』第三部におけるロールズの意図は、それまでの議論から導かれた正義にかなった社会構想の安定性と実行可能性を、人々の実際の状況にそくして検証することである。つまり、確かに正義の諸原理の選択にあって、嫉妬のような「回避されるべきもの、また懸念されるべき心理」が紛れ込むことは望ましくない。そのような感情は人々の合理的な選択を歪ませかねないからだ。しかし「それでもやはり、そうした性向は現に存在するし、何らかの仕方でそれらは考慮に入れられなければならない」(696頁)。したがってロールズのポイントは、嫉妬という特殊な心理を正義論は扱うことができるのか、さらに、それが正義の諸原理(とりわけここでは格差原理)を破壊するほど危険なものになりうるか、ということになる。

それでは、第八〇節「嫉みの問題」から見ていこう。一般に、嫉妬は合理的とは言えない感情である。第一章で取り上げたカントの定義を思い起こしておこう。嫉妬は自分の利益に結びつかないばかりか、たとえ自分が損を被ったとしても、相手の利得や成功を許すことができないという、経済的に見てもあまりに非合理な感情であった。

実際ロールズも、カントの定義に拠りながらこれを以下のように定義している。

他の人びとがより多くの利益（単数の財）を所持している状態を敵視する——たとえ彼らが私たちよりも幸運であるからといって、私たちの相対的利益が損なわれることがないにもかかわらず——性向として嫉みを考えたい。私たちは自分よりも優位な状況にある人びと（……）を嫉み、彼らのより大きな便益を当人から剥奪することを——たとえそうすることによって自分が大切なものを必然的に手放すことになるとしても——厭わない。（697頁）

他方で、ロールズによれば、嫉妬はいつも非合理なわけではない。つまり、合理的とも言える嫉妬が存在することを認めているのだ。嫉妬は確かに悪徳ではあるが、「時として、嫉みを引き起こす情況がきわめて切迫しており、あるがままの人間として、本人の恨みの感情を克服することを誰にも理にかなっては求められない場合がある。（……）こうした苦痛をこうむっている人びとにとっては、嫉みの感情は非合理なものではない」（700頁）。

これはたとえば、ある人が自尊心をひどく傷つけられるほどの劣悪な地位に置かれている場合、その人物が嫉みを抱くのも致し方ないことがあるということだ。たとえば不運によって苦しい経済状況を強いられ、今後もそうした状況が変わる見通しがないといったどうしようもない状況にあって、ある人が嫉みの感情を抱いたとしてもそれは非合理とは言えないし、許容しうるということである。こうした嫉妬をロールズは「申し訳のたつ嫉み（excusable envy）」と呼んでいる。

そこで問われるのは、正義原理を満たす社会がこの「申し訳のたつ嫉み」を過度に引き起こすかどうかということである。言い換えれば、かりにロールズ的な社会が「申し訳のたつ嫉み」を十分に抑制できないとすれば、その嫉妬心を道義的に断罪することもできず、彼の正義のプロジェクトは失敗に終わるだろう。そのため、ロールズは原初状態において度外視したはずの嫉妬の問題に、あらためて取り組まざるをえなかったのだ。

第八一節「嫉みと平等」

ひきつづき、ロールズの議論を追いかけていこう。第八一節「嫉みと平等」では、「敵意に満ちた嫉み」を引き起こす三つの条件が示されている。第一に、「自分たちの自尊が不安定であればあるほど、そして将来の見通しを改善できそうもないとの気持ちが募れば募るほど、より恵まれた人びとのより良好な状況をいっそう嫉む傾向にある」（７０１‐７０２頁）という。

そして第二に、自尊や自信の欠如が苦痛かつ屈辱的なものとして経験される誘引（他者との差異が苦痛に感じられるような社会構造や生活様式）の存在である。たとえば、あるマイノリティ集団への差別が公然と容認されているような社会では、差異は屈辱的な経験として感じられるに違いない。

最後に、自らの境遇の建設的な改善が断念され、苦悶や劣等感といった感情を和らげるには「たとえ自己自身に損失が生じるとしても、より良好な状況にある人びとに損害を与えるということ以外に選択の余地はない」と考えることである。

この三つの条件が重なるとき、敵意ある嫉妬が生じることになり、これが過度なものになってしまうと社会秩序は不安定なものとなる。

さて、ロールズの論証のねらいは、彼の描いた公正な社会がこのような諸条件を緩和し、嫉妬心を和らげることを示すことにある。それによると、まず彼の正義構想は市民の自己肯定感を支持するものである（対等な尊厳と基本的な諸権利）。「共同体の成員たちは共通の正義感覚を有し、市民同士の友情の絆によって堅く結ばれている」（703頁）ため、たとえある人が幸運でないとしても、自分自身を劣っているとみなす根拠はない。

第二に、ロールズの構想する秩序立った社会において格差は度を越したものにはならない。秩序立った社会は「あまり恵まれていない人びとが自らの状況を貧窮化した、屈辱的なものとして経験しがちな誘引を減少させる。たとえ不遇な人びとが嫉みやすい何がしかの傾向を有しているとしても、それが強く引き起こされるようなことは決して生じない」（704‐705頁）という。

そして最後に、ロールズの描く社会は、境遇を改善するための建設的な対抗策を提供するという、比較的あっさりとした断言が続く。以上から、ロールズは次のような結論をくだす。

それゆえ、正義の原理が申し訳のたつ一般的な嫉み（また特定の嫉み）をかき立てて、厄介なことが生じる可能性はない、との結論が得られる。以上の吟味を通じて、正義の構想の相対的な安定性が再度示せるだろう。（705頁）

ロールズの描いた正義にかなった社会では、嫉妬は存在したとしても、決して深刻な問題にはならないことが、以上のように示されたのである。

けれども、こうしたロールズの議論に私たちは納得できるだろうか。これによって、嫉妬は本当に無害化されたのか。ロールズは嫉妬についての議論を「きちんと説明してきたわけではないけれども」と、やや唐突に打ち切っているのだが、ここにはなにやら一抹の不安のようなものが見て取れる。本章の目的は、ロールズの築く堅牢な構築物の脆弱な部分を探すことにあるのだが、おそらく、その一つはここにある。

「正義という地獄」――小坂井敏晶の批判

前節で確認してきたように、ロールズは自らの公正な社会の構想が、嫉妬に対して十分な免疫を備えていると考えていたようだ。しかしこの議論には、すでに様々な疑義が唱えられている。ここでそのいくつかを確認してみよう。

まず、ロールズが嫉妬の性質を捉えそこなっているとする批判を見てみよう。ロールズにおいて、嫉妬の誘引は、彼の公正な社会においては減少するとされていた。つまり、彼の提示する公正な正義原理のもとで、人々は過度な劣等感に苛む必要はないと考えられたのだ。しかし、この推論はそれほど自明なものではない。

たとえば社会内の序列が「正義にかなったものである」とされ、自らの低い位置付けの原因を他人や社会制度の不正に求めることができないとき、私たちはその不満をどこにぶつけたらいいのだろう。言い換えれば、システムそれ自体は公正であるとされ、私の待遇の悪さは端的に私の能力の低さに起因するとされたとき、私たちはそれを受け入れられるだろうか。

小坂井敏晶はこのような状況を「正義という地獄」と呼んで、こう述べている。

同期に入社した同僚に比べて自分の地位が低かったり給料が少なかったりしても、それが意地悪い上司の不当な査定のせいならば自尊心は保たれる。序列の基準が正当ではないと信ずるからこそ人間は劣等感に苛まれずにすむ。ロールズの楽観とは逆に、公正な社会ほど恐ろしいものはない。社会秩序の原理が完全に透明化した社会は理想郷どころ

か、人間には住めない地獄の世界だ。(小坂井敏晶『責任という虚構』東京大学出版会、2008年、246頁)

私の人生がうまくいかないのは「たまたま」、あるいは「偶然」であると考えるから、私たちは自尊心を保ちつつなんとか前に進むことができる。かりに、それが能力にもとづく必然であるとされてしまえば、それを受け入れることは、ロールズの意図に反し、きわめて苦痛と劣等感に満ちたものにならないだろうか。

あるスロベニアの物語——スラヴォイ・ジジェクの批判

ちなみに、哲学者のスラヴォイ・ジジェクも似たような批判をしている。それによると「ロールズが見落としているのは、彼の描いたような社会が必ずや怨恨の爆発を生み出すだろうということである。そうした社会では、私の低い地位はまったく正当なものであることを私は知っているだろうし、自分の失敗を社会的不正のせいにすることはできないだろう」(ジジェク『ラカンはこう読め!』68頁)。

ジジェクはさらにこう続けている。

ロールズが提唱するのは階層が自然な特性として合法化されるような恐ろしい社会モデルである。そこには、あるスロヴェニアの農夫の物語に含まれた単純な教訓が欠けている。その農夫は善良な魔女からこう言われる。「なんでも望みを叶えてやろう。でも言っておくが、お前の隣人には同じことを二倍叶えてやるぞ」。農夫は一瞬考えてから、悪賢そうな微笑を浮かべ、魔女に言う。「おれの眼をひとつ取ってくれ」。（68 - 69頁）

私たちはたとえ自分に利得があったとしても、他人の幸福に我慢できない。いやむしろ、隣人の不幸のためなら、すすんで自分の利益を差し出すことさえある。ロールズの議論は、こうした人間の不合理な次元を十分に捉えられていないというわけだ。

ロールズの構想は、彼が意図しなかった不幸な結末を予感させている。これにかんして、ジャン＝ピエール・デュピュイの同様の見解も紹介しておこう。

（……）この〔ロールズ的な――引用者による補足〕社会は、もろもろの不平等が資質や才能や能力の格差と相関したものであるがゆえに、それらの格差が目立つことになる不平等な社会である。下層にいる者たちは、自分たちの劣位を、自分たち以外の他者のせいにすることなどどうしてできようか。かてて加えて、そうした者たちは、原理的には、自分たちが今の境遇より悪い境遇に陥っていないことをありがたく思わねばならず、より恵まれた境遇の同胞たちにそのことを感謝しなければならないのだ！（ジャン＝ピエール・デュピュイ『犠牲と羨望――自由主義社会における正義の問題』米山親能・泉谷安規訳、法政大学出版局、２００３年、２４５頁）

報酬が能力や資質にもとづく必然的なものであるならば、徴税を通じた社会の再分配機能には「ほどこし」といった性格が強まることになるだろう。その場合、才能や能力の点で劣った者は高額納税者に感謝しなければならなくなる、そうデュピュイは指摘するのだ。

格差の減少がますます嫉妬をかき立てる

それだけではない。このほか、本書のこれまでの議論から言えることは、格差の減少によっては必ずしも嫉妬の誘引が減少するわけではない、ということだ。ロールズの公正な社会においては、人々のあいだの経済的格差は過度なものにはならないことが強調されていた。そのおかげで、彼は人々の嫉妬が度を越したものにはならないだろうと考えたわけだ。だが、格差の減少はむしろ、いっそう激しく嫉妬をかき立てはしないだろうか。アリストテレスが指摘していたように、嫉妬が比較可能な者のあいだに生じるとすると、格差が狭まれば狭まるほど、相手の存在が手の届くほどに近づけば近づくほど、彼／彼女との埋まりきらない差異がますます耐えがたいものとして現れるのではないだろうか。

この点について、デイヴィッド・ヒュームもかつて次のように言っていたではないか。

妬みを生み出すのは、われわれ自身と他人の間〔の優劣〕が、かけ離れていることではなく、むしろ逆に〔優劣が〕接近していることだ（ヒューム『人間本性論 第2巻 情念について』１２０頁）。

比較が成立するためには、一定の類似と接近が不可欠である。「詩人は、哲学者を妬んだりしないものである。また詩人でも自分とは種類が異なっていたり、国が異なっていたり、時代が異なっていたりしたら、妬んだりしないものである」（121頁）。だとすれば、ロールズの推論をそのまま受け入れることは難しい。むしろ、彼の描いた正義にかなった社会こそ、嫉妬が蔓延し、手に負えないものになる可能性がある。

要約しておこう。ロールズの見立てでは、公正な秩序だった社会において人々はそれほど嫉妬に狂うことはないとされていた。しかし、このような見通しには様々な疑義が呈されている。さらに格差の減少は、嫉妬の減少に必ずしも到るわけではない。

ロールズの区分に公正であるならば、このような嫉妬は「申し訳のたたない」ものになるのかもしれない。だが、そもそも嫉妬感情とは、申し訳のたつものが例外的なのであり、たいていは申し訳のたたない感情である。本書で私たちが相手にしている嫉妬とは、もはや格差に改善の見通しがない場合にのみ生じるような慎ましいものではなく、いくら成功しようが、あるいは豊かになろうが、にもかかわらず隣人の成功や幸福が気になって仕方ない、そうした不合理で言い訳のきかない感情なのである。したがって、そうした不始末な感情こそを、私たちは真剣に考える必要があるのではないだろうか。[*3] そのかぎりで、ロールズの正義の構想において、嫉妬感情は完全に無害化されたわけではない。むしろその最も荒々しく不遜な部分がそのまま放置されている。それこそが、正義の社会構想をたえず悩ませることになる。

嫉妬は場所を選ばない

正義や平等を目指す政治哲学者や思想家は、嫉妬のない完全に調和のとれた社会を夢想する。彼らは嫉妬が公正さを歪めてしまうと考えるが、この懸念は確かに正当なものだ。だが、そもそも嫉妬のない社会など存在するのだろうか。ここではいくつか極端な例で考えてみよう。

２０１１年に公開されたジェシカ・ハウスナー監督『ルルドの泉で』（図3、次ページ）は、奇跡をめぐる人々の微妙な心理を印象的な仕方で描いている。フランスの南西部にあるルルドの泉は、人々の難病を治癒するとして知られ、カトリック最大の巡礼地となっている。物語の主人公は多発性硬化症を患い車椅子生活を送るクリスティーヌで、彼女もまた奇跡を求める巡礼者の一人である。

巡礼の最終日の前日にそれは突然訪れた。彼女はベッドからゆっくりと起き上がり、自分の足で歩き出したのである。奇跡を目の当たりにし、ほかの巡礼者らの心中は複雑である。

なぜ、彼女にだけ奇跡は起こったのか。
ルルドの泉で
LOURDES
シルヴィー・テステュー　レア・セドゥ　ブリュノ・トデスキーニ
LOURDES-IZUMI.COM
66ヴェネチア国際映画祭5部門受賞
世界最大の巡礼地"ルルド"。そこは奇跡にすがる人々が集う場所

図3　ジェシカ・ハウスナー『ルルドの泉で』（配給・宣伝／エスパース・サロウ）。第66回ベネチア国際映画祭の国際批評家連盟賞ほか5部門を受賞した。

――神よ、どうして私ではなく彼女なのか？

この映画を印象深いものにしているのは、物語の終盤、ダンスをするクリスティーヌが突然倒れるシーンである。人々は当惑しながらも、奇跡が一時的なものに過ぎず、彼女がまた動けなくなったものと思いささやきあう。ここに嫉妬とその裏返しであるシャーデンフロイデ（他人の不幸を喜ぶ気持ち）があるのは明らかである。人々の嫉妬感情は、巡礼地という神に近い場所であっても関係なく生じる。

クリスティーヌに奇跡が起きたことに合理的な理由（たとえば信仰心が人一倍強いといった納得しやすい理由）はない。クリスティーヌが奇跡に与ったのは単なる偶然でしかない。奇跡に必然性がないこと、そのまったきの偶然性が、嫉妬感情をますます刺激するのだ。

コミュニズムと嫉妬――オレーシャ『羨望』

それでは、経済的な格差をできるだけなくし、平等を志向するコミュニズムはどうだろうか。近年コミュニズムについての議論が盛り上がりを見せているが、経済状態の平等化は嫉妬の問題を解決するのだろうか。

ユーリイ・オレーシャの代表作である『羨望』（１９２７年）は、１９２０年代後半のモスクワを舞台に、古い時代から新しい時代への移り変わりを、その葛藤とともに描き出した作品である。

主人公のカワレーロフ（この登場人物はオレーシャの自伝的人物であるとも言われる）は、ロシア革命によって凋落した知識人の青年であり、少しひねくれた性格の持ち主で、誰からも

（モノからも！）愛されていないことをとても恨めしく思っている様子である。たとえば物語の冒頭には以下のような面白い記述がある。

「品物《もの》はわたしを愛してくれない。家具はわたしに脚払いをくわせようと機会をうかがっている。ワニス塗りの何かの角が、いつだったか、文字どおり、わたしに噛みついた。わたしはいつも毛布とややこしい関係をもつ。わたしにだされるスープはいつまでたってもさめない。何かちょっとしたもの——お金とかカフスボタン——が机から落ちると、それはきまって、どけにくい家具の下に転がりこむ。わたしは床を這う。そして、頭をあげると、食器棚が冷笑しているのが見える」（オレーシャ『羨望』木村浩訳、集英社文庫、1977年、5頁）

カワレーロフは、あるとき酒場でのトラブルによって路上で倒れていたところ、ソ連政府高官で食品工業トラスト長（いわば偉い人であり、新しい時代を象徴する人物）であったアンドレイ・バビーチェフに拾われ、彼の私設秘書として働くことになる。しかし、しだいにカワレーロフはアンドレイの一つひとつの振る舞いに侮辱されたように感じるようになり、また彼の堂々たる活躍ぶりにしだいに嫉妬感情（羨望）を抱くようになる。

あるとき、カワレーロフは自分が拾われた理由を知る。彼が一時的に家に置いておかれたのは、もう一人の新しい人間を象徴する存在であり、一時的に留守にしている養子マカーロフの代わりだったのである。マカーロフが戻るやいなや、自分は追い出されてしまうだろう。そう考えたカワレーロフは、バビーチェフにますます憎悪をたぎらせ、最終的に恨みつらみのこもった手紙をしたためる。

カワレーロフにとって決定的に重要なのは、バビーチェフの兄イワンの存在である。イワンもまたバビーチェフに苦い思いを抱いていており、ある箇所で新しい世代に対する羨望についてこう語っている。

「……ねえ、きみ、わたしたちは羨望の餌食になっているんですよ。わたしたちは未来の時代を羨んでいるのです。お望みとあれば、それを老年の羨望と呼んでもいいでしょう。つまり、第一に老衰しつつある世代の羨望ですね。さあ、この羨望について話し合いましょう」（130頁）
「……ええ、羨望ですとも。長いこと人類の号泣や歓喜や同情や憤怒を呼びおこすような、歴史の劇場における壮大なドラマの一つが、ここで演ぜられるべきなのです。あなたは、ご自分ではそれと気づかぬままに、歴史的な使命を帯びているのです。あなたは、いってみれば、凝結物なのです。滅びゆく世紀の羨望の凝結物です。滅びゆく世紀は、自分にとってかわるものを羨望しているのです」（１３０頁）

古い時代の新しい時代への、古い人間の新しい人間への羨望。あるシーンでイワンが予審判事に語ったところによると、嫉妬や憐れみのような感情は古い時代に属するもので、新しい時代（つまりは社会主義）にとっては過去の遺物でしかない。そして自分こそは「俗物たちの国王」となって、感情の陰謀、感情の平和なデモンストレーション、感情の閲兵式をやるのだと。「わたしは古風な人間の情熱に最後の閲兵式を行なう名誉をになったのです……」。そうした感情の持ち主を見つけたのかと問われたイワンは、「一人だけ見つけた」と言い、「ニコライ・カワレーロフ。羨望の持ち主です」と答える。

ここでのイワンの一連の陳述が興味深いのは、羨望や嫉妬の感情を恥ずべきものとしては描写していないことだろう。むしろ過去の時代の遺物をどこか慈しむように、嫉妬感情を扱っているのだ（古宮路子『オレーシャ『羨望』草稿研究』成文社、２０２１年）。

さらに、最後のシーンでは、イワンは羨望の餌食となったカワレーロフにこう語る。羨望の解決のためにはもはや無関心しかないかのようだ。

「さあ、飲みましょう、カワレーロフさん……わたしたちは感情についてずいぶん話しあいましたね……でもねえきみ、いちばんたいせつなものを、忘れていましたよ……無関心というやつを……そうじゃありませんか？　実際のところ……わたしの考えじゃ、無関心こそ人間の知能の状態の中でいちばんすぐれたものですよ。無関心になりましょうや、カワレーロフさん！　ほら、ごらんなさい！　わたしたちはいま休息を獲得したじゃありませんか。さあ、飲んでください。無関心のために。万歳！」（オレーシャ『羨望』200頁）

弱者の正義？

オレーシャは、社会主義の新しい時代には羨望や嫉妬のような軽薄な感情は退場すると、登場人物に皮肉をこめた調子で語らせていた。確かに、社会主義や共産主義のもとで経済的な平等が実現すれば、人々はお互いに比較することもなくなり、嫉妬することもなくなるように思われるかもしれない。しかしそれは本当だろうか。

この問題を考えるために、社会主義ではないものの、ある種の平等が達せられたシチュエーションを参照してみよう。だがそれはユートピアのような平等状態ではなく、むしろそれとは正反対の場所が舞台になっている。収容所である。

シベリア抑留を経験した詩人の石原吉郎によれば、収容所の囚人のあいだでは煙草や日本製の針が一種の通貨として流通していたが、それに対し密告が繰り返し起きたという。密告者のほとんどは煙草にも針にも縁のない老人か病弱者であったというが、石原はその「なんの利益にもならぬ、反射的、衝動的ともみえる」行為の動機が「嫉妬」であったと語っている。「強者の知恵が平然と弱者を生存圏外へ置き去ろうとするとき、弱者にとって、強者を弱者の線にひきもどすには、さしあたり権力に頼るしかない」、石原は密告者の心性にかんしてこう言っている。そして収容所という極限状況にあって、このいっけんささいな嫉妬が致命的なのである。

単なる嫉妬。だが「単なる」ということばは訂正を要する。ラーゲリにあっては、嫉妬は、単に弱者の潜在的な攻撃性にかかわる感情であるだけではない。それは強制収容所という人間不信の体系の根源を問う重大な感情だからである。（石原吉郎『望郷と海』ちくま文庫、１９９０年、１４０頁）

だが、奇妙なことに、ラーゲリの囚人にとって生存条件の悪化は、他人が同じ境遇にあるかぎりでは一種の安堵感が伴った。「おれも苦しいが、あいつだっておんなじだ」というわけだ。しかし、あるいはだからこそ囚人間の平等への希求は極限にまで高まり、煙草一本、針一本の不平等が耐えがたいものとして現れる。以下の一節は、段落まるごと引用するに値する。

針一本にかかる生存の有利、不利にたいする囚人の直感はおそろしいまでに正確である。彼は自分の不利をかこつよりも、躊躇なく隣人の優位の告発をえらぶ。それが、自分の生きのびる条件をいささかも変えることがないにせよ、隣人があきらかに有利な条件を手にすることを、彼はゆるせないのである。人間は生存のためには、その最低の水準においで〈平等〉でなければならず、完全に均らされていなくてはならないというのが、

彼のぎりぎりのモラルである。ここにおいて、嫉妬はついに、正義の感情に近いものに転化する。（141頁）

すでに言ったように、以上はやや極端な例である。だがそうであるからこそ、これらは嫉妬感情の遍在性を証言するものであろう。嫉妬は場所を選ばず、どんなささいな差異も見逃さないとも言える。

イスラエルのキブツで起きた「平等主義のジレンマ」

同じようなことがキブツの例からも見てとれる。キブツとはイスラエルの農業共同体のことである。20世紀の初頭に始まり、シオニズム運動やマルクス主義と結びつくことで発展し、いっときは２００を超える、大小様々なキブツが存在していたという。キブツでは財産を共同所有し、子どもも集団で育てるような共同生活が営まれる。とりわけキブツ運動の初期には、作業着や下着も共有物とされ、徹底した平等が実践されていたらしい（Schoeck, *Envy*, p. 344）。いわばキブツはある種の共産主義的なユートピアの実験場であった。

それでは、こうした徹底した平等主義は、共同体における相互の嫉妬心を解消することに成功したのだろうか。確かにキブツで暮らす人々は競争的な社会からはある程度切り離されていることから、経済的な勝者や敗者を生み出すことはない。さらに一般的に言って、嫉妬者は、嫉妬の対象の一部分にのみ異常な関心を示すものだが、キブツのような狭い社会では相手の様々な事情に触れやすく、そのことがある程度嫉妬心を抑制することになる。たとえば、誰もが羨む美貌の持ち主であったとしても、じつは彼女が家族の看病で苦労していると知れば、嫉妬心は同情心に場所を譲るに違いない。

しかし、アーロン・ベン゠ゼエヴの分析によると、それにもまして、キブツのような閉じた社会では人々の嫉妬心を強めるファクターのほうが作用する。たとえば目に見える不平等がなくなるほど、細かな差異が目につきやすくなる。人々が物理的に近く、個人的な接触機会が多いことは、一度生じた嫉妬心をたえず意識することになるだろうし、個々人のバックグラウンドや受けた教育が同じであれば、自分が劣位の立場にあることを誰かのせいにしにくくなる。そのことは自尊心を大きく傷つけることになるだろう。また、キブツのような小さな共同体では、誰かの利得は誰かの損失と捉えられることもある。以上の理由で、格差が縮むことで嫉妬心が小さくなるとは限らない。ここでもまた隣人愛（neighbor love）ならぬ隣人嫉妬（neighborhood envy）が依然として問題なのだ（Ben-Ze've, "Envy and Inequality", pp. 576-579)。

キブツにおいて、嫉妬の存在を疑わせるものはほかにもある。それが「平等主義のジレンマ」と呼ばれるものだ。たとえばどんな平等社会にあっても、共同体について重要な意思決定や外部との交渉を担う代表者や専門家のような存在は不可欠である。かりに、そうした権威ある役職の金銭的なインセンティブが大きければ大きいほど、そうした役職を引き受けるにあたり報酬が一つの動機となることは理解しやすい。

それでは、そうした金銭的なインセンティブが存在しないキブツのような社会だとどうなるだろうか。人々は途端に訝しむことになる。「なぜわざわざあの人は家族との時間をなげうってまで、その仕事を引き受けたのか?」「一文にもならない役職を進んで引き受けるとは、ひょっとすると、何か悪いことを企んでいるのではないか?」そうした疑義が人々の頭によぎり始める。結果的に、そうした猜疑のまなざしに耐えられず、誰もすすんで責任ある役割を担うことがなくなってしまうか、あるいはいつも同じ人が権力を持つことを許してしまうことになるわけだ（Schoeck, *Envy*, pp. 346-348)。

現代のコミュニズム論が見逃しているもの

平等主義的なユートピアを目指したはずのキブツにあっても、嫉妬の克服は容易なことではないようだ。あるいはむしろ、コミュニズムという平等主義のユートピアは、嫉妬のディストピアを招く可能性すらある。確かに、経済的な平等や共同所有が実現すれば、私たちは隣人の暮らしぶりや、自分より恵まれた同僚の待遇に心を砕かなくて済むようになるかもしれない。しかしだからと言って、嫉妬心がきれいに消えるわけではない。シェックはとても不吉なことを言っている。

　嫉妬者が、隣人の外見、若さ、子ども、結婚の幸福などに我慢できるのは、他人の収入、家、車、旅行に嫉妬することによってのみである。物質的要因が嫉妬に対する社会的に必要な障壁を形作っており、身体的な攻撃からその人物を保護している。(p. 342)

たとえコミュニズムが人々の経済状況や暮らし向きを均すことに成功したとしても、嫉妬はまた別の差異へと憑依する。そしてそれは以前よりはるかに陰鬱で、危ういものになるかもしれないということなのだ。

現代のコミュニズムをめぐる議論が看過しているのは、まさにこの嫉妬の問題ではないだろうか。人々の暮らしに直結する技術や資源を資本主義から切り離し、コモンとして民主的に共同管理するとき、これまで気にも留めなかった差異が途端に顕在化する。そしてこの薄暗い感情はまたしても人々を煽り、社会主義のプロジェクトの足を掬うことになるかもしれない。現代左派のコンセンサスになりつつあるポスト資本主義の展望は、こうした負の感情に何らかの仕方で向き合う必要がある。

＊1　同じような論点を扱ったものとして、スラヴォイ・ジジェク『ジジェク自身によるジジェク』(清水知子訳、河出書房新社、2005年)102‐103頁を参照。

＊2　原初状態からの嫉妬の排除を、ロールズの議論により内在的な仕方で問題視したものとしては、Patrick Tomlin, "Envy, Facts and Justice: A Critique of the Treatment of Envy in Justice as Fairness" (*Res Publica*, Vol.14, No.2, 2008) を参照。そこでトムリンは嫉妬の性向が、原初状態において知られるべき「一般的事実」であり、そのかぎりで正義の二原理の選択に影響を持つと論じている。

＊3　自由民主主義の諸価値をいっそう実現するために、ロールズの「申し訳のたつ嫉み」論を積極的に活用していこうとする議論もある。つまり、相対的に貧しく政治的に無力な多数者と、政治権力と富を持った少数者が対峙している現実に鑑みて、スーパーリッチを規制するために、そうした人民の感情を利用することを認めるのである（Jeffrey Green, *The Shadow of Unfairness: A Plebeian Theory of Liberal Democracy*, Oxford University Press, 2016, Chap.3）。

第五章

嫉妬と民主主義

水平化しようとする人間は決して平等をもたらしません。本当にその通りなのです。およそ多様な種類の市民から成り立っている社会ではどこでも、どれかの職業階級が最上位に立たなければなりません。従って、水平主義者達は事物自然の秩序を変え、歪曲する以外の何事もしていないのです。

（エドマンド・バーク『フランス革命の省察』）

嫉妬は民主主義をダメにする？

第四章で見たように、ロールズは社会における嫉妬の脅威に気づきつつも、すぐさまその存在を抑圧してしまった。その結果、ロールズは社会における嫉妬の威力を危険視しているものの、その本当の厄介さについては十分に勘案できていない、彼の『正義論』に向けられた批判をこう要約できるだろう。嫉妬は格差を解消すれば消滅するというものではなく、そうした特質をロバート・ノージックはかつて「嫉妬保存の原理」（ロバート・ノージック『アナーキー・国家・ユートピア――国家の正当性とその限界』嶋津格訳、木鐸社、１９９２年、４０４頁）と呼んだこともある。

さて、ロールズの公正な社会においてはほとんど出禁扱いにされてしまった嫉妬だが、一般に嫉妬感情はデモクラシーにとって有害なものであり、民主主義を腐敗させてしまうものと考えられてきた。政治哲学者のマーサ・ヌスバウムが言っているように、「デモクラシーが始まってからというもの、嫉妬はデモクラシーを脅かしてきた」(Nussbaum, *The Monarchy of Fear*, p. 135) というわけだ。

確かに、嫉妬感情は健全な民主主義が機能するにあたって取り扱いに困るものだろう。民主主義においては他者との信頼関係が不可欠であるのだが、人々が隣人の足を引っ張るばかりでは、うまくいくものもうまくいくはずがない。このことは個人間のみならず、団体間でも同じことが言える。本来なら連帯して、一緒に前進したほうがよさそうな団体同士で揉めごとが絶えないのも、何か高邁な理念の衝突というよりも、関係者の嫉妬心やメンツが原因であることも珍しくない。そういうわけで、民主社会を維持するためにも、嫉妬を抑制し、コントロールすることが不可欠であると考えられたとしても何ら不思議ではない。

民主社会で本領を発揮する嫉妬

けれども、よくよく検討してみると、嫉妬が民主社会においてつねに有害であり、まったく存在しないほうが望ましいかというと、どうもそう言いきれない部分がある。これが本章で探ってみたい逆説である。嫉妬と民主主義にはなにやら一筋縄ではいかない関係がありそうなのだ。嫉妬感情が民主社会にとって単なる有害物でないとすれば、一体どのような意義があるのだろうか。

本章の見立てを先に示しておく。嫉妬の行き過ぎは、他者への信頼を損ない、社会を分断するかぎりで、民主主義を脅威にさらすに違いない。しかし、これまでの議論から容易に想像できるように、じつは嫉妬は民主社会においてこそ本領を発揮する。より正確に言えば、民主主義こそ人々の嫉妬心をいっそう激しくかき立て、それを社会に呼び込む当のものなのだ。本章では、嫉妬と民主主義の関係について考察するが、それは単に嫉妬の抑制を説くことを目的とはしていない。むしろ嫉妬の両義性を示すことで、この感情との付き合い方の常識を根本から揺さぶることを目指したい。

民主主義とは何か

本書の議論に必要なかぎりで、民主主義とは何かということについて確認しておこう。民主主義と言えば、多数決や選挙といったイメージが思い浮かぶかもしれない。確かにそれは、現状の民主主義がどのように運用されているかの理解として間違ってはいない。ただそれですべてとしてしまうのは問題かもしれない。民主主義にはそのほかにも重要な特徴があり、一例を挙げれば、熟議や話し合い、参加や多元主義、為政者への異議申し立てなど、その切り取り方は様々である（詳しくは拙著『現代民主主義』〈中公新書、２０２１年〉を参照）。

民主主義についてどのような立場をとるにしても、その最も基本的な価値観の一つに「平等」があることに反対する人は少ないだろう。民主主義体制のもとでは、金持ちも貧しい者も等しく（直接的であれ、間接的であれ）政治的な参加が認められる。これは古代のデモクラシーといえどもそうである。たとえば、市民の平等を謳った古代ギリシャの政治家ペリクレスの演説は、デモクラシーの教科書ではほとんどつねに参照されるものだ。

われらの政体は他国の制度を追従するものではない。ひとの理想を追うのではなく、ひとをしてわが範を習わしめるものである。その名は、少数者の独占を排し多数者の公平を守ることを旨として、民主政治と呼ばれる。我が国においては、個人間に紛争が生ずれば、法律の定めによってすべてのひとに平等な発言が認められる。だが一個人が才能の秀でていることが世にわかれば、無差別なる平等の理を排し世人の認めるその人の能力に応じて、公けの高い地位を授けられる。また貧窮に身を起こそうとも、ポリスに益をなす力を持つ人ならば、貧しさゆえに道をとざされることはない。われらはあくまでも自由に公けにつくす道をもち、また日々互いに猜疑の目を恐れることなく自由な生活を享受している。（トゥーキュディデース『戦史（上）』久保正彰訳、岩波文庫、１９６６年、

226頁）

こうした市民間での平等の理念は、近代以降の民主主義論にも共通する特徴である。たとえば19世紀前半の思想家であるアレクシ・ド・トクヴィルは、七月革命を機にアメリカを訪問し、そこで新しく生まれたばかりのデモクラシーを実地で観察した。そこで彼は、諸階層間の平等化のプロセスとしてのデモクラシーが、いずれヨーロッパにも波及する歴史の動かしがたい趨勢であると捉えたのである。

古代の民主主義と近代以降の民主主義は多くの点で異なっているとしても、平等を一つの理想として掲げた点では一致する。実際には、多くの民主社会で様々な不平等が横行しているとしても、私たちは少なくとも建前としては、誰もが等しい政治的権利を持つべきことを否定しないだろう。

嫉妬心のはけ口としての陶片追放

民主主義の来歴を振り返るとき、古代ギリシャの都市国家アテナイの経験がしばしば持ち出される。アテナイのデモクラシーは、市民が対等な立場で政治に参加できたことにくわえ、民主政を維持するための特徴的な制度を備えていたことが知られている。

そうした制度の一つとして、ここでは「陶片追放（オストラシズム）」を取り上げてみよう。陶片追放とは、古代ギリシャの都市国家アテナイで、僭主になる危険がある人物を一定期間ポリスから追放する制度であり、紀元前508年のクレイステネス改革で導入されたと言われる。教科書的な説明にしたがえば、陶片追放は僭主の台頭を防止し、民主的な平等を保つための古代ギリシャにユニークな制度として、「違法提案に対する公訴（グラフェー・パラノモン）」とならんで紹介されることが多い。

陶片追放は、おおよそ以下のような手続きで行われた。アテナイの市民団は年に一度、陶片追放の投票を実施すべきかを投票で決定する。これで実施が決まれば、市民らは2ヶ月後にあらためて集い、「オストラコン」と呼ばれる陶器のかけらに追放しようと思う者の名前を書き、それを投票場所に投げ込む。投票総数が六千人に達しなければ無効となり、そのなかで最も多く名前を書かれたものが十年間の追放となったという。[*1]

本章の関心からしてこれが問題なのは、陶片追放が民主政治を維持する制度であっただけでなく、民衆の嫉妬のはけ口であったということだ。たとえばセーレン・キルケゴールは陶片追放（貝殻追放）について、「ギリシアにおける、貝殻追放は妬みのひとつの表現であった、傑出したものに拮抗するための一種の自衛手段であった」（キルケゴール『現代の批判　他一篇』桝田啓三郎訳、岩波文庫、１９８１年、55頁）と指摘している。つまり、陶片追放は嫉妬の過度な表出を抑えるための装置であったのであり、いわば民衆の嫉妬のガス抜きとして機能していたわけだ。

アリステイデスの追放——プルタルコス

これに関連して、プルタルコスがアリステイデスについて伝えるところを見てみよう。アリステイデスは「正義の人」と呼ばれていたが、しだいに人々の嫉妬を買うようになり、民衆らは彼を陶片追放にかけようとした。これについてプルタルコスは「彼の名声にたいする自分らのねたみ心を僭主支配の恐怖という名分のかげにおしかくそうとするものであった」（プルタルコス『プルタルコス英雄伝　上』村川堅太郎編、筑摩書房、１９９６年、２１３頁）と言っている。ここでも陶片追放は、肥大化した権力を引きずり下ろすというより、「民衆のねたみをなだめるための心こまやかな工夫」であったとされている。

さらにプルタルコスは、アリステイデスと「田舎者まるだしの男」との会話についてこう伝えている。

さてアテナイの人々がアリステイデスを追放しようとして、陶片に名まえを書いていると、あきめくらで田舎者まるだしの男がアリステイデスをただ行きずりの人と思いこんで、陶片をわたし、「ひとつ、これにアリステイデスと書いてくれんかの」と頼んだという。これにはアリステイデスもびっくりして、「アリステイデスは、あんたに、なにかひどいことでもやったのかね」とたずねると、「いや、なんにもありゃしねえ。でえいち、おらあ、そんな男知りもしねえだが、ただ、どっこさ行ってもよ、『正義の人』『正義の人』って聞くもんでさあ、腹が立ってなんねえだからよ」と言った。これを聞いてアリステイデスは一言もこたえず陶片に自分の名を書くと、そのまま男にもどしたそうだ。（２１４‐２１５頁）

こうしてアリステイデスの追放は決まったという。プルタルコスはほかにも同じような話を伝えている。たとえばテミストクレスについて伝えるところでは、「陶片追放は刑罰ではなく、嫉妬心の慰撫・軽減である。嫉妬心というものは頭角を現わす者の頭を抑えつけることに快哉を叫び、そのむしゃくしゃをこのような公民的剝奪という形に現わして発散させる」（182‐183頁）と語っている。ここではいっそうはっきりと、陶片追放が嫉妬心の慰めであると言われているのが分かるだろう。

ただし、陶片追放を嫉妬のはけ口であったと伝えるプルタルコスの話をどこまで真に受けてよいかは微妙なところがある。プルタルコスは自身より1～2世紀も前の出来事を記述しているわけであって、その解釈には同時代的な裏付けが乏しいという指摘もある（たとえば、Jon Elster, *Alchemies of the Mind: Rationality and the Emotions*, Cambridge University Press, 1998, p. 187）。歴史学者の佐藤昇も、プルタルコスが彼の同時代的な関心、つまりは「大衆の嫉妬心こそは政治家にとって最も警戒すべきものの一つである」（佐藤昇「陶片追放と民衆の妬み――情報源の利用と同時代への配慮」小池登ほか編『『英雄伝』の挑戦――新たなプルタルコス像に迫る』京都大学学術出版会、2019年、125頁）という問題意識を、過去の陶片追放に投影した可能性を指摘している。そういうわけで私たちとしても、プルタルコスの説については留保を付けたうえで受け取る必要があるだろう。

だとしても、民主主義の原初的な制度にすでに嫉妬が刻印されていた（少なくともプルタルコスはそのように考えた）ことは、嫉妬と民主主義の関係を考えるうえでとても示唆的である。嫉妬と民主主義の関係は、単に前者が後者に外から取り憑いたというものではない。むしろ、嫉妬と民主主義は切っても切れない強い紐帯によって結ばれていると考えてよさそうである。

嫉妬と平等

民主主義についてどのような立場をとるにせよ、その中心的な価値に「平等」があることについては先に触れた通りである。平等の理念は様々な仕方で、諸制度や諸実践のなかで実現が試みられてきた。たとえば、一人ひとりが平等に選挙権を持つべきとされていること、市民には等しく政治参加が認められるべきだということ、政治の領域において市民は対等な立場で議論できるということ、などである。市民間の政治的平等は民主主義の大原則であると言ってよく、したがって現代の政治哲学においても、「平等とは何か」をめぐって様々な議論が展開されてきた。

しかし、精神分析の祖ジークムント・フロイトの洞察は、平等や公正さの要求に、じつは後ろめたい感情が潜んでいることを暴露しようとする、どこか不穏なものである。
フロイトは「集団心理学と自我の分析」のなかで、「演奏の後で、歌手やピアニストの周囲に群れをなして殺到する魅了された熱狂的な婦人たちや少女たち」の例を挙げている。それによると、彼女たちは我先にとスターとお近付きになることを欲するのだが、いつしか集団として一体化し、みなで平等にスターの存在を共有することを喜ぶようになるという。フロイトはこのような経験的事実を一般化し、次のように述べている。

社会の中に集合精神その他の形で働いているものがあるが、これもまた根源的な嫉妬から発していることは否定しがたい。だれも出しゃばろうとしてはならないし、だれもがおなじであり、おなじものをもたなくてはならない。社会的公正の意味するところは、自分も多くのことを断念するから、他の人々もそれを断念しなければならない、また、おなじことであるが他人もそれを要求することはできない、ということである。(『フロイト著作集6』井村恒郎・小此木啓吾訳、人文書院、1970年、234-235頁)

ここで蠢《うごめ》いているのは「自分が贔屓になれないとすれば、少なくとも皆のうち、だれ一人として贔屓されてはならない」(234頁)という、見かけの公正さにはそぐわない真っ黒な感情である。このフロイトの洞察、すなわち社会的公正および平等の観念が嫉妬にもとづいているという洞察は、正義を中心に構想された現代の政治哲学をいささか不安にさせるものだろう。

ロールズとフロイト

正義や平等の要求は、それ自体嫉妬から生じたものではないのか？[*2] これはなにも突飛な問いかけではない。じつは、ほかならぬロールズ自身がこの問題を真剣に考えているように思われる。いま一度、ロールズの議論に立ち戻ってみよう。

このことは『正義論』における嫉妬にかんする考察の終わりで、フロイトの議論が検討されていることからもうかがえる。この箇所は、この浩瀚な書物のなかでロールズがフロイトに言及した数少ないものの一つである。フロイトは、公正さの感覚は嫉みに由来すると指摘したが、ロールズによれば、こうしたフロイトの議論は根拠の薄弱な断言に過ぎない。正義の要求は嫉妬ではなく「憤慨」という道徳感情に由来すると言うこともできるのであって、これを判定するには、正義構想や社会状況に関する人々の理解を慎重に吟味する必要がある、そうロールズは述べる。

しかし、ここでロールズの反論はフロイトの説を退けるほど決定的なものではなく、正義がつまるところ嫉みの隠れ蓑に過ぎないのかどうか、結論は棚上げされたままである。ロールズとしては、フロイトの議論が単に外在的で的外れな議論として片付けられるものではなく、「フロイトの批判は、公正としての正義の理論の真ん前に立ちはだかり、この理論そのものが最初から嫉妬に汚染されていることを暴き立てる」（ジョアン・コプチェク『〈女〉なんていないと想像してごらん――倫理と昇華』鈴木英明ほか訳、河出書房新社、２００４年、２３６頁）からこそ、正面からきっちり応答しておく必要があったのだろう。繰り返せば、この強い否定的な感情は、ロールズの構想の脆い部分を間違いなく指し示しているのだ。

嫉妬は偽装する

正義や平等の要求には、みにくい嫉妬心がべっとりと貼り付いているかもしれない。じつはこうした考えは、保守的な政治家や思想家によって繰り返し指摘されてきたことでもある。

たとえば、ヘルムート・シェックは、こうした疑念を共有しながら、次のように言っている。

平等な社会へのユートピア的な欲望がどこから来たかというと、自分自身の嫉妬、さらには／あるいは、自分より暮し向きのよくない同輩の嫉妬と折り合いをつけることができないという動機以外の何ものでもない。(Schoeck, *Envy*, p. 127)

私たちは自分が嫉妬することにも、他人から嫉妬されることにも耐えることができない。だから平等社会を望むようになる、シェックはそう考えているようだ。

そのほかにも、チャーチルはかつて「社会主義とは負け組の哲学、無知な者の宗教、嫉妬への福音でしかない」と語っていたというし、あるいは同じことだが、ハイエクもまた「この感情〔嫉妬心――引用者による補足〕を満足させ、社会正義という尊敬すべき外観でそれを偽装する現代の傾向は、自由にとって重大な脅威にまで発展しつつある」と言っていたのである。こうした見方からすれば、平等を求める社会主義とは「他人より健康な体、あるいは幸福な気質、うまく合った配偶者、または頼もしい子供を、誰ももたないようにする」(『ハイエク全集Ⅰ-5自由の条件〔Ⅰ〕』気賀健三・古賀勝次郎訳、春秋社、2007年、132

頁)、そのような政治体制のことでしかないということになる。

嫉妬は正義や公正さに自らを偽装し、相手を「引き下げる」ことで自分を慰める。こうした疑義は、平等と格差の是正を訴える現代のリベラル左派にとってはどこか居心地の悪いものだろう。

トクヴィル『アメリカのデモクラシー』

平等や公正さの本性が嫉妬か否かについて、結論はおいておこう。私たちとしてはせいぜい、嫉妬が絡んでいる場合もあれば、そうでない場合もあるというに留めるのみである。

しかし、民主主義が要求する平等の理念は、別の仕方でも嫉妬の問題とかかわっている。すなわち、近代における民主化がもたらした平等の意識によって、人々の嫉妬感情が爆発的に拡がったのだ。というのも、平等であることに気づくや否や、人々はお互いに比較を始めたからである。

この問題について考えるために、アレクシ・ド・トクヴィルを取り上げよう。トクヴィルは、その代表作『アメリカのデモクラシー』のなかで、新大陸に新しく生まれた政治体制の諸特徴を描き出しているが、まさに民主的な平等が人々のあいだに嫉妬感情をもたらすと指摘しているのだ。
トクヴィルによると、封建制の解体と平等化のプロセスが進展するにつれ、社会的上下関係や権威はしだいに否認されるようになる。こうした「諸条件の平等」としてのデモクラシーは、歴史の動かしがたい趨勢であり、もはや避けることはできない。この平等化はアメリカに限られた事実ではなく、過去七〇〇年のヨーロッパの民主化の歩みでもあった。しかし、歴史の必然的な流れであるデモクラシーとその平等の理念は、人々のあいだに嫉妬心をかき立てることになる。トクヴィルはこう言っている。

民主主義の諸制度が人の心の中に羨望の念を著しく育てることに目を塞いではならない。その理由は、民主的諸制度が各人に他者と同等になる手段を提供するからというより、それらの手段がこれを利用する人の期待を絶えず裏切るためである。民主主義の諸制度は平等の情念を覚醒し、これに追従するが、決してこれを完全に満足させることはできない。この完全な平等は、民衆がこれを捉えたと思ったその瞬間にいつもその手から逃れ、パスカルが言うように永遠の遁走を繰り返す。認識しうるほどには手近く、味わうには遠すぎるだけに、一層貴重なこの幸福の追求に民衆は熱中する。彼らは成功の望みによって駆り立てられるが、勝利が確かではないので苛立つ。興奮し、疲れ、そして憤る。（トクヴィル『アメリカのデモクラシー第一巻（下）』松本礼二訳、岩波文庫、２００５年、55頁）

政治学者の宇野重規が指摘するように、このプロセスにおいて「想像力」が果たす役割は決定的である。つまり平等化以前の社会にあっては、人々は主人を比較の対象とは見ていない。そのような社会にあって、不平等な状態に特別な正当化は必要とされないし、主人に対する嫉妬が生じることもないだろう。しかし、いったん「他者を自分と同類とみなす想像力」（宇野重規『トクヴィル 平等と不平等の理論家』講談社選書メチエ、２００７年、62頁）が解放され、主人が同じ人間であることに理解が及ぶやいなや、人々は政治的・経済的等々の不平等に不満を覚えるようになる。そのとき不平等はなんら正統性のないものとして現れるだろう。そしてこの「不平等を正当化するのに特別な理由が要求される」（60頁）ことこそ、民主的な社会の特徴なのである。

宇野は新しい想像力を備えたこのような人間を〈民主的人間《ホモ・デモクラティクス》〉と呼んでいるが、私たちにとってこれは同時に〈嫉妬的人間〉でもある。すでに指摘したように、嫉妬は等しい者同士のあいだに生じるものだが、同時にそこには最小限の違いが求められることに注意しよう。つまり、嫉妬は平等と差異の絶妙なバランスのうえに成立する感情なのである。そしてほかならぬ平等と差異こそ、私たちの民主主義に不可欠な構成要素であるとすれば、嫉妬が民主的な社会において不可避であることが理解できる。

ひっくり返して言えば、嫉妬のない社会とは、人々のあいだに差異のない完全に同質的な社会であるか、絶対的な差異のもとでいっさいの比較を許さない前近代的な社会であるかのいずれかであろう。そうすると、嫉妬は私たちのデモクラシーの条件かつ帰結ということになる。それゆえ、嫉妬を民主社会から切り離せばよいという単純な話にはならないのだ。

移動性への妬み――ガッサン・ハージ

ただし、民主社会において嫉妬が宿命的であるとしても、それをそのまま放置してよいわけではない。というのも、それは人々のあいだに敵対的な感情を醸成し、社会に激しい分断を引き起こすことがあるからだ。昨今のＳＮＳでは党派的な対立が過激な罵り合いとなり、両者のあいだでほとんど対話が成立しなくなっていることも、私たちがよく知るところであろう。

さらに問題なのは、こうした嫉妬心がレイシズムと結びつくことがあることだ。オーストラリアの人類学者であるガッサン・ハージは、現代社会の危機について批判的に検討するなかで、レイシズムと嫉妬の関係について興味深いことを指摘している。ハージによれば、「見込みのある人生」、つまり人生がうまくいっていると感じられるためには、その人が「どこかに向かっている」、前進しているという感覚（彼はこれを「想像的な移動性」と呼んでいる）が不可欠であるという。これには新しい土地に移住したり、新しい仕事を見つけたりといったことから、新しいパートナーとの生活や社会的階層を上昇することなどが含まれるだろう。簡単に言えば、人生のコマを順調に前に進めている感覚と言ってもいいかもしれない。ある意味で旅行や観光は、こうした移動性をフィクショナルに経験するものと言える。現実にどこかに移住できない私たちは旅行することで、別の暮らしや人生について想像的に思いを巡らせることができる。

しかし現代的な危機のもとでは、ますます多くの人がそうした移動性を経験することが難しくなっているという。ハージはこうした感覚、どこかに進んでいるという感覚を持てないでいることを「ドツボにはまること」と表現する。これは自分の人生が行き詰まっているのではないかと人に強く意識させる、そうした感覚のことである。

「ドツボにはまっている」という感覚

近年、多くの研究が白人によるレイシズムに注目しているが、ハージはそれをこの「ドツボにはまっている」という感覚とそれが引き起こす嫉妬心に結びつけて考察している。それが「移動性への妬み」というものだ。これは空間的な移動についてだけ言われているのではなく、社会的階層を上昇するといったような実存的、象徴的な移動についても当てはまる概念である。

白人レイシストの隣の家に引っ越してきた移民の例を見てみよう。移民は最初オートバイを購入する。しかし、そうこうするうちに、オートバイはそれほど高価ではない自動車に変わる。それを見た隣人のレイシストは憤慨する。なぜか。自動車そのものを妬ましく感じているわけではない。というのも、自分のほうがもっと良い自動車を持っているのだから。彼(女)は「自分たちが同じ場所で行き詰まっていると感じているときに、隣人がバイクから自動車に乗り換える、ということが含意する移動性を妬んでいるのだ」（ガッサン・ハージ『オルター・ポリティクス――批判的人類学とラディカルな想像力』塩原良和ほか訳、明石書店、2022年、72－73頁）。ここでは移民の社会階層的な上昇（移動）が、自分たちのうまくいかなさを際立たせ、レイシストの嫉妬をかき立てているのだ。

これは、私たちのこれまでの議論の用語で言えば、「劣位者への嫉妬」と考えることもできるかもしれない。社会的に優位な位置にいるマジョリティが自分より不利な位置にいるマイノリティの成功を妬むのは、その差が縮むことによって、おのれの幸福感や安心感が脅かされるからである。レイシストもまた、マイノリティとの距離が縮まることによって自分が安全圏にいるとは思えなくなる。だからこそ、彼らが前進していることを耐えがたく感じるのである。

嫉妬と水平化――キルケゴール

嫉妬と平等の関係を鋭く見抜いていた人物として、セーレン・キルケゴールの名を挙げておこう。なにせ嫉妬について彼は、「私が特別の研究題目として推奨したいもので自分では徹底的に研究し尽したと自惚れている主題である」（キェルケゴール『死に至る病』斎藤信治訳、岩波文庫、１９５７年、１３８頁）と胸を張っているくらいなのだ。

先にも議論したように、キルケゴールも、陶片追放を嫉妬のはけ口と見るプルタルコスと同じ見解をとっている。彼の考えでは、革命の時代が情熱的な時代、感激に満ち満ちた時代であったのに対し、「現代は本質的に分別の時代、反省の時代、情熱のない時代であり、束の間の感激にぱっと燃え上がっても、やがて小賢しく無感動の状態におさまってしまうといった時代」である。そのような情熱のない時代には、嫉妬は「水平化の現象」に逢着する。水平化は確かに一種の平等の状態を目指すものだろう。しかし、キルケゴールにとって、ある種の平等の実現でもある水平化は歓迎すべきものではない。

現代は平等の方向において弁証法的であり、この平等を誤った方向に最も徹底化させようとするのが、水平化のいとなみであり、この水平化は個人個人の否定的な相互関係の否定的な統一なのである。（キルケゴール『現代の批判　他一篇』59頁）

つまり水平化とは、単に皆が平等に生きるユートピアのことではない。むしろ嫉妬者が才能のある者や傑出した者の足を引っ張ることで、すべての人を凡人並みにしてしまうような状態を指している。キルケゴールにとって、これほどつまらない時代はないというわけだ。

承認欲求——フランシス・フクヤマの「気概論」

こうした嫉妬と水平化についての洞察を、21世紀まで視野に入れて展開しているのがフランシス・フクヤマである。フクヤマといえば、自由民主主義の勝利についての楽観的な展望で知られるが、彼の『歴史の終わり』の真のポイントは、そうした歴史についての見立てにあったわけではない。むしろ彼の鋭い洞察は「気概（テューモス）」にかんする議論、およびそれが民主主義に危機をもたらすという点にある。

まず、「気概」とは承認を求める魂の部分のことである。これは私たちの尊厳の感情にかかわっており、他者から肯定的に認められれば誇りを感じ、不当な評価であれば怒りや恥を引き起こす。プラトンは人間の魂を理性、欲望、そして気概という三つの部分に分けたが、フクヤマはこの気概をおおむね「承認欲求」と捉えつつ、現代のアイデンティティ・ポリティクスの興隆の背景には、こうした気概の存在があったと見る。

ちなみに、2016年のトランプの大統領当選や英国のEU離脱をめぐる国民投票などによって注目されるようになった、貧しい白人労働者階級の政治的な選好についても、こうした観点から説明できる。いわゆるリベラル派は人々の理性的な部分に訴えながら、彼らが「正しい」と信じることを主張していたが、そこで彼らが見落としていたのは、まさに人々の気概、すなわち承認欲求やアイデンティティの次元にほかならない。言い換えれば、「正しさ」だけでは人々の支持を集めることはできないということなのだ。いくら滑稽に見えたとしても、トランプの言説が人々にウケたのは、まさにそうした側面に応えたからではないだろうか。

メガロサミアとアイソサミア

さて、フクヤマの議論を興味深くしているのは、彼が二種類の気概を区別している点である。まず、「自分の優越性を認めさせようとする欲望」を彼は「メガロサミア（*megalothymia*）」（優越願望）と呼ぶ。それに対し、「他人と対等なものとして認められたいという欲望」が「アイソサミア（*isothymia*）」（対等願望）である（フランシス・フクヤマ『新版 歴史の終わり下』渡部昇一訳、三笠書房、２０２０年、28頁)。そして、フクヤマによれば、自由民主主義のもとではメガロサミアが禁止され、アイソサミアが前景化する。つまり、優越願望が地下に潜伏し、対等願望が幅をきかせているのが現代の民主社会の特徴なのだ。より最近の著作でも同じ議論が展開されている。

近代民主主義台頭の物語は、アイソサミアがメガロサミアに取って代わる物語だといえる。少数のエリートだけを承認する社会が、だれもが生まれながらにして平等だと認める社会に変わったのである。(フランシス・フクヤマ『IDENTITY』山田文訳、朝日新聞出版、２０１９年、44頁)

民主主義のもとでは、もはや誰かを打ち負かすことが目的ではない。誰もが同じ権利を享受することが何よりも重視される。これは、第三章で取り上げたチャールズ・テイラーの物語とも重なるものだろう。

水平化の行く末

平等化のもとで対等願望だけが満たされるとき、人々は幸せになるのだろうか。確かに、優位や劣位が強調されないことで、今よりもはるかに生きやすくなる人もいるに違いない。ここで興味深いのは、平均人が偉人並みに優れた社会といったユートピアを率直に表現したトロツキーの以下の文章である。

> 人間ははるかに強靭、賢明、繊細になる。肉体はもっと調和がとれ、動作はもっと律動的に、声はもっと音楽的になる。人間の平均的タイプがアリストテレス、ゲーテ、マルクスの水準にまで高まる。この山脈の上に新たな高峰が聳え立つのだ。（トロツキー『文学と革命Ⅰ』内村剛介訳、現代思潮社、１９７５年、２３６頁）

トロツキーは、万人が偉人の高みに達するような未来像を描いていた。しかし、このような未来にあって、人々が自身の能力に満足するとは限らない。というのも、このトロツキーの文言を引用したロバート・ノージックが「この尾根にいることはもはや、言葉を話す能力や物をつかめる手を持つこと以上に、皆に自尊心や個人としての価値の感覚を与えはしないだろう」（ノージック『アナーキー・国家・ユートピア』４０４頁）と言ったように、人々はいくら高い知性を持っていたとしても、万人がそれを持っているとき、それを特別なことと思わないからである。だとすれば、キルケゴールやフクヤマが指摘した、（アリストテレスやゲーテらよりもはるかに低い水準での）現代の水平化＝平等化が、人々に新たな不満足を引き起こしているとしても不思議はない。

それでは水平化のはてに、私たちの嫉妬感情は去《い》なされただろうか。現代の民主社会において人々の嫉妬心がなくなったかというと、もちろんそうではない。むしろそれは、かつては英雄やカリスマといった明らかに優位な者に向けられたものから、対等な隣人同士の嫉妬心へと変形してくすぶり続けているだろう。

そして本書が繰り返し指摘してきたように、しばしば差異の縮小が嫉妬の爆発を招くとすれば、現代の嫉妬がより陰険なものであることは疑いえない。それは民主主義の宿痾のようなものとして、私たちがたえず向き合わざるをえないものと考えるべきである。

嫉妬の故郷としての民主主義

自由民主主義において柱となる価値観の一つはもちろん平等である。しかし嫉妬を禁止することで達成される平等はつまるところ画一化に過ぎず、それほど民主的なものではない。あるいはせいぜい丸山眞男が言う「引き下げデモクラシー」といったところだろう。ハートレイの小説『顔の正義 *Facial Justice*』が描いたように、見た目の差異まで禁じられた過度な平等の実現は一種のディストピアに違いない。

フクヤマもまた、対等願望の蔓延が自由民主主義を可能にするどころか、それを危機にさらすと考えていた。

民主主義にとっていっそう大きな脅威となるのは最終的には「対等願望」である、というのが私の直感だ。歯止めのない「対等願望」にふけり、不平等を一つ残らず消し去ろうと血まなこになっている文明は、自然そのものが設けた限界にたちどころにぶつかるだろう。（フクヤマ『新版 歴史の終わり 下』２２０頁）

フクヤマの考えでは、民主主義が生き延びるためには、優越願望と対等願望のバランスが重要になる。「民主主義の長期にわたる健全性と安定度は、『優越願望』が市民の役に立つような形での良質かつ多数のはけ口をもっているかどうかにかかっている」（221頁）。

フクヤマのこうした議論は、私たちの嫉妬論にとっても重要な洞察を提供している。嫉妬は優越願望の裏返しであり、優越願望のあるところ必ず嫉妬が存在している。そのためフクヤマの言うように、民主社会に適度な優越願望が必要であるならば、健全な民主主義には嫉妬は欠かせないことになるだろう。

繰り返せば、嫉妬の完全に禁止された社会は、どんな差異も許さない息苦しい社会となる可能性が高い。平等と差異（これらはいずれも民主主義にとって重要な価値である）が交差する地点こそが嫉妬の故郷であるとすれば、民主社会はこの感情の存在を受け入れる必要がある。だとすると、嫉妬は民主社会を破壊するというよりも、民主主義と同じ土壌から生まれた双子のようなものであり、デモクラシーに不可避の情念であると言うべきなのである。

＊1　より詳しい手続きについては、Sara Forsdyke, *Exile, Ostracism, and Democracy: The Politics of Expulsion in Ancient Greece*（Princeton University Press, 2005, Chap.4）を参照。

＊2　平等の要求と嫉妬感情の関係についての最近の研究として、Jordan Walters, “The Aptness of Envy”（*American Journal of Political Science*, Vol.1 No.1, 2023）を挙げておこう。

エピローグ

われわれの羨望はつねに、われわれが羨む人たちの幸福よりも長く続く。

（ラ・ロシュフコー『箴言集』）

私の嫉妬は私だけのもの

本書ではここまで、一般にすこぶる評判の悪い感情であり、まるで諸悪の根源であるかのように言われる嫉妬感情について、様々な角度から考察してきた。確かに嫉妬心はとても厄介なものであるから、他人からの嫉妬とも、他人を嫉妬することからも、できればかかわらずに暮らしたい。けれど、心持ち一つで嫉妬心が魔法のように消えてしまえばいいが、現実にはそうはいかない。とりわけ人々の平等が前提となる民主社会ではなおさらである。本書では、嫉妬感情のそうした両義的な性格にできるだけ注意を払ってきたつもりである。

「あなたはあなたのままでいい」であるとか、「他人と比較するのはやめよう」などと諭す嫉妬の対処法のような自己啓発本が巷には溢れている。こうした言説のほとんどはずいぶんと無邪気なものだが、だからと言って無害なものとは言えない。この種の提言は、現実の嫉妬から目をそむけ、私たちがそれに真剣に向き合うことを妨げることがある。嫉妬心をきれいさっぱりなくすことができるかのように吹聴し、あたかも一部の人だけがときに罹患する熱病のように考えてしまうと、いずれ思わぬしっぺ返しを喰らうことになるだろう。

嫉妬に何かしら意味があるとすれば、それはこの感情が「私は何者であるか」を教えてくれるからである。たいていの場合、私の嫉妬は他人には共感されない、私の嫉妬は私だけのものである。私は誰の何に嫉妬しているのか、なぜ彼や彼女に嫉妬してしまうのか。これは翻って、私がどういう人間であるか、私は誰と自分を比べているのか、私はどんな準拠集団のなかに自分を見出しているかを教えてくれるだろう。確かにそれは客観的な自己像とは言えないかもしれないが、ときに自分でも気づかないもう一人の自分を開示してくれることがあるのだ。

本書では最後に、こうしたやり過ごすことのできない嫉妬心とのかかわり方について考えてみたい。嫉妬心が消えないという前提に立つことから、いったいどのような処方箋が導けるだろうか。

嫉妬による世直し

まず、嫉妬との向き合い方として、嫉妬の効用とでも言うべき側面に注目することができる。嫉妬のエネルギーは必ずしも社会を堕落させる方向ばかりに働くわけではない。それは不正を告発したり、不平等を正すなど、世直しのエネルギーとして発散されることも原理上ありうる（これはベーコンが公的な嫉妬に認めた効用でもある）。これこそ、嫉妬なき社会を語るものが見落としている点である。あるところでヘルムート・シェックは正しくこう指摘している。

嫉妬は政治的に中立である。それは保守的な政府や自由主義の政府に向くこともあれば、（……）社会主義の政府にも等しく向けられる。（Schoeck, *Envy*, p. 241）

たとえば、左派ポピュリズムという政治戦略には、こうした嫉妬のエネルギーを利用したところがある。この戦略は、政治的に疎外された人々の声を凝集し、エリートや既得権益層にぶつけようとするものだ。これを唱える人々のあいだには、人々の不満が差別的な勢力に扇動されるがままになっており、それが憎悪となって社会的マイノリティに向かっているという切迫感がある。そのため、人々の怨嗟を別のところに向けかえることが必要になるのだ、と（シャンタル・ムフ『左派ポピュリズムのために』山本圭・塩田潤訳、明石書店、２０１９年）。

確かに、嫉妬のエネルギーを向けかえることで、格差や不平等を是正するきっかけになることもありうるだろう。しかし、嫉妬を社会に解き放ったその先に、左派ポピュリズムが約束するような、進歩的で公正な社会が到来するというのはあまりに楽観的である。嫉妬心は都合よくコントロールできるものではないし、用が済めばさっぱりと退散してくれるものでもない。

それゆえ、左派ポピュリズム戦略はきわめて危ないゲームをしているように見える。たとえ嫉妬の扇動が現状の行き詰まりを一時的に打破することがあるとしても、その後ひどい二日酔いに苦しむことはおそらく間違いない。

メリトクラシーの問題点

嫉妬に免疫のある社会とは、一体どのような社会だろうか。たとえば、多元的な価値に寛容な社会作りもまた、嫉妬に支配されないための対処法になる。価値観が一元化してしまうと、人々のあいだの差異や優劣が一発で可視化されてしまう。そうすると、誰が誰よりどれだけ優れているかの序列が明白になってしまい、社会は嫉妬で満ちてしまうだろう（たとえばSNSのフォロワー数には、そうした一元化する作用が強く働いている）。

ここでは、メリトクラシーについて考えてみよう。メリトクラシーとは、いわば能力による支配を正当化するイデオロギーであって、多くの場合、能力の有無や成績の出来不出来によって人々に格差を承認させる考え方である。かりにあなたの生活が苦しいとすれば、それはあなたに能力が欠落しているからであり、それは人生の然るべき局面で適切な努力をしなかったからだ（だから我慢するのが当然だ）、というふうに。

近年、マイケル・サンデルの議論をきっかけにこのメリトクラシーの問題点が認識されるようになっている。サンデルによれば、メリトクラシーは不平等や格差を道徳的に正当化し、置き去りにされた人々に屈辱感を与えるものである。こうした考え方が行き過ぎると、まさに現代のアメリカ社会がそうであるように、エリートと庶民とのあいだに大きな分断が生まれてしまう。嫉妬や不満が蓄積されると、ときに思いもよらない怨恨の爆発が生じかねないし、実際にアメリカでは生じてしまった。したがって、マイケル・サンデルのメリトクラシー批判、および彼の提示する解決策――エリートの驕りを矯正し、労働の尊厳を取り戻すこと――は確かに重要な提言と言える（マイケル・サンデル『実力も運のうち――能力主義は正義か？』鬼澤忍訳、早川書房、２０２１年）。

嫉妬に耐性のある社会を

そのため、こうした一元的な社会よりも、多元的な価値観を許容する社会のほうが、嫉妬に耐性のある社会になる可能性が高い。そのためには評価軸をなるべく多様化し、社会的な序列を分かりにくくすることが重要になる。ロールズの批判者であり、リバタリアニズムの思想家として知られるロバート・ノージックは次のように言う。

> 社会が自尊心の格差の普及を回避するもっとも見込みのある方法は、諸次元の共通のウェイトづけを持たないことであり、その場合その社会は、様々な次元とウェイトづけの多様に異なったいくつものリストを持つことになろう。この事は、各人が、自分が結構旨くやれる次元で他人も一部はそれを重要と考えてくれるものを見出し、そうして特異なものとしてでなく自分に有利な評価をする、というチャンスを高めるであろう。（ノージック『アナーキー・国家・ユートピア』405頁）

ある次元における位置付けが低かったとしても、他の次元で挽回できる機会が多く保障されていれば、人々の自尊心はある程度保たれる。たとえ数学の成績が不良であったとしても、美術や音楽の評価が高ければ、かなりのところ慰められるだろう。
同じことが嫉妬についても言える。社会が価値あると見なす次元が多様であれば、安易な序列化が難しくなり、彼我の比較も容易ではなくなる。それが社会における嫉妬の爆発をいくぶんか抑制することになるのだ。

自信と個性を持つこと——三木清の解決

個人レベルでの嫉妬はどうだろうか。まず、嫉妬と折り合いをつける方法として、各人が倫理的な精神的態度を涵養することで嫉妬を乗り越えることが挙げられる。たとえば哲学者の三木清は嫉妬を克服するために「物を作れ」と言う。物を作ることで自信が生まれ、それが個性になるというのだ。三木はこう言っている。

嫉妬心をなくするために、自信を持てといわれる。だが自信はいかにして生ずるのであるか。自分で物を作ることによって。嫉妬からは何物も作られない。人間は物を作ることによって自己を作り、かくて個性になる。個性的な人間ほど嫉妬的でない。個性を離れて幸福が存在しないことはこの事実からも理解されるであろう。（三木清『人生論ノート 他二篇』83頁）

作品作りに没頭すれば、他人との距離が生まれ、おのずと比較から遠ざかることになるだろう。創作を通じて培われた自信や個性は卑屈さを癒やし、個人的な満足をもたらすこともあるだろう。これは嫉妬の母である比較を拒絶し、おのれの特異性に到達する道である。

しかし、これが本当に嫉妬を克服するかと言えばいささか心許ない。自身を見つめ直すような作品には、新しい競争と嫉妬を生み出す可能性がつねにあるからである。実際、芸術家のような人々こそ、誰よりも激しく嫉妬心との戦いを強いられていないだろうか。映画『アマデウス』のなかで、モーツァルトの才能に誰よりも魅了され、妬みに狂ったのは、同じ作曲家のサリエリではなかっただろうか。したがって、芸術への没頭は嫉妬に一時的な解決をもたらすかもしれないが、決してそれを終わらせるわけではなさそうだ。

むしろ、より見込みが高いのは「何もしないこと」のほうだろう。おそらく無為だけが私たちを比較から遠ざけるように思われる。しかし、この解決は哲学的には興味深いが、身も蓋もないと言われてしまいそうだ。

嫉妬の出口――徹底的に比較せよ

多くの自己啓発本が指南してくれているように、嫉妬から確実に逃れる方法が一つだけある。それは比較をやめることだ。他人との比較さえしなければ嫉妬心が芽生えることはない。比較をやめたいなら競争から降りてみるのも一つの手だろう。だが、誰もが知っているように、比較をやめること、これが存外に難しい。

本書でも言及したように、SNSの普及は、間違いなく人々の嫉妬心と想像力を刺激している。インターネットを使って、私たちはたえず自分と他人の生活を比較するようになってしまった。だが、SNSの真の問題は、それが他人の生活の一部だけを切り取って見せることにある。私たちは流れてくるごくごく一部の見せかけ（フィクションと言ってもよい）を他人のリアルな生活と思い込んでしまうのだ。

ならば逆に考えてみてはどうだろう。比較をやめられないなら、比較をとことん突き詰めてみるのだ。ある部分にだけ特化した半端な比較こそが、嫉妬心を膨らませているとすればどうだろうか。妬ましく思う優れた隣人をよくよく観察すると、思いもしなかった一面が見えてくるものだ。当たり前だが、完璧な人間などそうそういない。そのような意外な事実が目に入れば、あなたの嫉妬心もかなりのところ和らぐはずなのだ。比較をやめられないならあえて徹底してみること、逆説的ではあるが、これだけが嫉妬という怪物を宥める確実な方法であるように思われる。

さて、ここまで社会レベルと個人レベルで、嫉妬をコントロールする方法をいくつか列挙してきた。どれもそれなりに説得力があるようにも思うが、このうち万能なものは一つとしてないし、いずれか一つが正解ということでもない。むしろ、これら様々な方法を組み合わせつつ、嫉妬心を抑制するための仕掛けをあちこちに用意するべきなのだろう。ただし、そうしたとしても、嫉妬心が完全に社会から、あるいは私たちから消え去ることはないだろう。怒りや悲しみといった人間味ある感情がそうであるように、嫉妬もまた私たち人間の条件なのだから。

あとがき

「どれだけ偉くなっても、嫉妬やルサンチマンは消えないんだよ」

研究会後の懇親会の席だったと思う。何かの話の弾みで、彼はそう口にした。いつものように酔いが回っていたため、他のことは何も覚えていない。ただこの一言だけが、妙に強く印象に残った。

いくら社会的に成功しても、若い時分に味わった悔しい思いは忘れられず、怨嗟はいつまでもくすぶるらしい。確かにそうだ。辺りを見渡してもそうした事例はいくつもある。定期的に同じ恨みに回帰してしまう人、表向きにはそれらしいことを言っていても、個人的な妬みや怨恨が背後に透けて見える人。皆さんはどうだろう？

それ以来、嫉妬について観察し、考えることが私のライフワークになった。誰かと話すときや映画を見るとき、SNSを眺めていても、嫉妬感情のことがたえず頭にあった。なぜ成功や幸福は私たちを嫉妬から自由にしないのか？　それどころか、ときにすすんでルサンチマンに身を委ねているように見えるのはなぜなのか？

嫉妬というきわめて私秘的な感情が、正義や平等、そして民主主義といった、筆者の専門分野ではど真ん中の問題に絡まったのは僥倖だった。それがなければ、なぜ嫉妬について考えることが政治的にかくも重要であるのかを説得的に提示できなかっただろう。ただ、この交差はたぶん偶然ではない、いまとなってはそうも思える。あの妙に引っかかった最初の直感から、嫉妬の導きはこの道筋を指し示していたのではないか。

本書の執筆過程は、私自身の嫉妬心を見つめる時間でもあった。自身の心の暗部を覗き込むことがあまり愉快な作業でないことは言うまでもない。だからかもしれない。本書を書き上げるまで、当初考えていたよりもずいぶんと時間がかかってしまった。

そのかん、本書の構想について、いくつかの研究会で報告し、意見をいただく機会に恵まれた。立命館大学での講義や、友人や家族との私的な会話からも、多くのアイデアや着想をいただいている。記して感謝したい。

光文社の小松現さんには、企画を走らせたのはいいものの、なかなか原稿を出さないことにだいぶやきもきさせてしまったと思う。忍耐と励ましに心より御礼申し上げる。

さて、本書を書き上げたことで、これでようやく私も嫉妬から解放されるだろうか。本書が誰かの嫉妬心に届き、それを少しでも和らげることを願います。

二〇二四年一月

山本　圭

初出一覧

『アンタゴニズムス――ポピュリズム〈以後〉の民主主義』（共和国、２０２０年）の第3章（『ニュクス』４号、堀之内出版、２０１７年）

「嫉妬が大好きなあなたたちへ」（『群像』76〈5〉、講談社、２０２１年）

「ヘルムート・シェック『嫉妬』」（『現代思想』２０２２年１月号、青土社）

「誇示考」（『群像』78〈9〉、講談社、２０２３年）

目次・章扉デザイン　板倉　洋

山本圭（やまもとけい）

1981年京都府生まれ。立命館大学法学部准教授。名古屋大学大学院国際言語文化研究科単位取得退学、博士（学術）。岡山大学大学院教育学研究科専任講師などを経て現職。専攻は現代政治理論、民主主義論。著書に『不審者のデモクラシー』（岩波書店）、『アンタゴニズムス』（共和国）、『現代民主主義』（中公新書）、共編著に『〈つながり〉の現代思想』（明石書店）、『政治において正しいとはどういうことか』（勁草書房）、訳書に『左派ポピュリズムのために』（シャンタル・ムフ著、明石書店、共訳）などがある。

嫉妬論《しっとろん》　民主社会《みんしゅしゃかい》に渦巻《うずま》く情念《じょうねん》を解剖《かいぼう》する

2024年2月29日初版1刷発行
2024年10月30日　　4刷発行

著　者 ── 山本圭
発行者 ── 三宅貴久
装　幀 ── アラン・チャン
印刷所 ── 堀内印刷
製本所 ── 国宝社
発行所 ── 株式会社光文社
東京都文京区音羽1-16-6（〒112-8011）
https://www.kobunsha.com/
電　話 ── 編集部03（5395）8289　書籍販売部03（5395）8116
制作部03（5395）8125
メール ── sinsyo@kobunsha.com

ISBN 978-4-334-10224-1

1275
朝、起きられない病
起立性調節障害と栄養の関係
今西康次
「だるさや頭痛、吐き気で起きられない」…中高生の1割が悩む起立性調節障害を栄養の観点から治療・改善させている医師が、発達に必要な栄養や周囲の対応について症例を交え解説。
978-4-334-10069-8

1276
人事変革ストーリー
個と組織「共進化」の時代
髙倉千春
個が活きる組織とは——。複数の外資企業や日本企業で戦略人事や人事制度改革に取り組んできた人事のプロフェッショナルが、これからの日本企業に求められる「新たな知恵」を示す。
978-4-334-10088-9

1277
愛とラブソングの哲学
源河亨
この世はなぜラブソングであふれている⁉ 共感できるから？ 愛が普遍的だから？ 生物学・脳科学・歴史学・社会学など様々な学問を駆使して、哲学研究者が問いの答えに迫る。
978-4-334-10089-6

1278
ワクチンを学び直す
岩田健太郎
効果、安全性、種類、活用法——最新の動きに加え、予防接種制度や海外のワクチンも含めたワクチン接種の全体像を、感染症の専門家が分かりやすく解説。今こそ、正しい知識を！
978-4-334-10090-2

1279
日本企業はなぜ「強み」を捨てるのか
増補改訂版『日本〝式〟経営の逆襲』
岩尾俊兵
「カネよりヒト」のスタイルこそ日本企業の強みだったが、自らその姿勢を手放してしまったのはなぜか。東大初の経営学博士号を取得した気鋭の経営学者が説く、日本経済復活への道。
978-4-334-10091-9

1280
新説 徳川家康
後半生の戦略と決断
野村玄
秀吉の没後、豊臣家と豊臣恩顧の大名たちからの制約の中で家康はどのように政治的な手腕を発揮し、幕府の礎を築いていったのか。一次史料から家康の真の偉大さに迫る。
978-4-334-10131-2

1281
発達障害児を育てるということ
柴田哲　柴田コウ
父は発達心理学を研究する大学教授。母は公認心理師。発達の専門家夫妻が軽度自閉症児の息子と送る日々を、保護者視点と研究者視点を行き来しながら綴った「学術的子育てエッセイ」。
978-4-334-10132-9

1282
教養としてのパンク・ロック
川﨑大助
「パンク」の語源は？　誰が「パンク・ロック」と名付けたのか？　なぜ髪を逆立てるのか？　なぜトゲトゲの付いた革ジャンを着るのか？　パンクの発想・哲学を名盤１０５枚とともに解説。
978-4-334-10153-4

1283
犯罪へ至る心理
エティエンヌ・ド・グレーフの思想と人生
梅澤礼
どのようにして人は犯罪に手を染めることになるのか。誰もが罪を犯しうるとしながら、それでも防ぐ方法を模索し続けた、20世紀ベルギーの精神科医・犯罪学者・作家の歩みを丁寧に辿る。
978-4-334-10134-3

1284
だからタイはおもしろい
暮らしてわかったタイ人の「素の顔」
髙田胤臣
経済格差、階級社会、利己主義……。微笑みの裏側には色々あっても、したたかに、サバーイ（気楽）に生きる。ともに暮らしてはじめてわかる、タイ社会とタイ人の本質とは。
978-4-334-10135-0

1285
毒母は連鎖する
子どもを「所有物扱い」する母親たち
旦木瑞穂
理不尽な仕打ち、教育虐待、ネグレクト……。子どもを自らの所有物のように扱い、負の影響を与える毒親。その中でもとりわけ母親から娘へと伝染する「毒」に8人の取材から迫る。
978-4-334-10169-5

1286
京大合格高校盛衰史
天才たちは「西」を目指した
小林哲夫
京大の「自負」と高校の「執念」。自由の校風と最先端研究を目指して繰り広げられた京大受験の歴史を、一九四九年以降の合格者数ランキングから徹底分析。東大ではダメなんだ！
978-4-334-10133-6

1287
台湾の本音
〝隣国〟を基礎から理解する
野嶋　剛
首都はどこ？　親日である理由は？　中国とはどういう関係？　日本で関心が高まるわりに、実情はよく知られていない台湾。そんな〝隣国〟の姿を6つの問いから詳らかにする。
978-4-334-10170-1

1288
白内障の罠
一生「よく見る」ための予防と治療
深作秀春
後悔しないために…日常生活や栄養面での留意点、手術法の歴史や最新治療について、世界的眼科外科医が徹底解説&警告！プロの画家でもある著者が「見るとは何か」から教えます。
978-4-334-10171-8

1289
ボロい東京
三浦展
錆、苔、扉、管、看板、郵便受け……。ボロいのに、いや、ボロいからこそ美しい。ありふれたようで失われつつあるボロい風景の数々を、十数年撮りためたスナップから厳選した写真集。
978-4-334-10172-5

1290
日本のクラシック音楽は歪んでいる
12の批判的考察
森本恭正

これまで日本で検証されてこなかった「真実」とは——。私たちは何を見逃し、聴き逃してきたのか。作曲家・指揮者が、二十年を超える思考の上に辿り着いて示す、西洋音楽の本質。

978-4-334-10196-1

1291
「生命の40億年」に何が起きたのか
生物・ゲノム・ヒトの謎を解く旅
林純一

40億年前に誕生し、姿形を変えながら現在まで連綿と命をつないできた生き物たち。その本質とは一体何なのか。常識を疑った先に広がる、ユニークな生き物たちの世界を描いた意欲作。

978-4-334-10197-8

1292
日本のヴァイオリニスト
弦楽器奏者の現在・過去・未来
本間ひろむ

日本におけるヴァイオリン受容史から、「歴史的名器」をめぐる逸話、新世代の弦楽器奏者まで、「楽器に選ばれし者」の物語。【日本のヴァイオリニスト・ディスコグラフィ30】付録付き。

978-4-334-10198-5

1293
在宅緩和ケア医が出会った
「最期は自宅で」30の逝き方
髙橋浩一

どこで、どのように過ごし、最期の時を迎えるか。希望をどう叶えるか。在宅緩和ケアに取り組んできた医師が紹介する、患者との出会いから看取《みと》りまでの数々のストーリーから学ぶ。

978-4-334-10199-2

1294
スカウト目線の現代サッカー事情
イングランドで見た「ダイヤの原石」の探し方
田丸雄己

育成の進歩、移籍競争の激化、データでの目利きなど、サッカー界の最前線で起きていることを英国で活動する若きスカウトが分析するとともに、謎に包まれたスカウトの仕事を語る。

978-4-334-10221-0

光文社新書

1295 創作者の体感世界
南方熊楠から米津玄師まで

横道誠

天才たちの仕事を読み解く鍵は、発達障害に通じる特性が握っていた？　発達障害と診断された文学研究者が、自身の「感」と「知」で文献を渉猟。「障害」の意味を読み替える「当事者批評」実践の書。

978-4-334-10222-7

1296 大江健三郎論
怪物作家の「本当ノ事」

井上隆史

大江健三郎とは何者だったのか――。「奇妙な仕事」『万延元年のフットボール』『沖縄ノート』など、その作品世界を丹念に追うことで、いまだ明らかになっていない大江像を探る。

978-4-334-10223-4

1297 嫉妬論
民主社会に渦巻く情念を解剖する

山本圭

隣人が、同僚が、見知らぬ他人が羨ましい――。苦しく、みっともない感情にどうしてこうも振り回されるのか。人々を揺さぶる「厄介な感情」を政治思想の観点から多角的に考察。

978-4-334-10224-1

1298 漫画の未来
明日は我が身のデジタル・ディスラプション《破壊的変革》

小川悠介

スマホ向け漫画「ウェブトゥーン」の台頭に、絵を自動で描く「生成AI」の進化。デジタル時代に、漫画はどこへ向かうのか？　取材を重ねた記者が、経営・ビジネスの観点からその未来図を探る。

978-4-334-10225-8

1299 死なないノウハウ
独り身の「金欠」から「散骨」まで

雨宮処凛

失職、介護、病気など、「これから先」を考えると押し寄せる不安……。各界の専門家に取材し、使える社会保障制度などを紹介する、人生の荒波をサバイブするための必須情報集！

978-4-334-10226-5